起業する前に読む本

志ある仕事のための実践知

橋本忠夫

芙蓉書房出版

はじめに

起業や起業家、アントレプレナー、イントラプレナーといった文字が新聞にしばしば載る時代になって久しい。ＮＰＯ（特定非営利活動）法人数も平成三十年で五万を超えた。就活状況をみると、新卒大学生の多くは、相変わらず役所や有名大企業への就職を希望しているものの、よく勉強して有名大学に入学し、大企業に勤めることがみんなの希望であった時代とは、明らかに変わりつつある。とはいえアメリカや中国の若者が続々と起業しユニコーン企業に成長していく姿と、日本の起業（＋希望）者数、海外留学（＋希望）者数、学術論文数の少なさや、少子高齢化に伴う様々な国力低下現象とのギャップは、年々大きくなるばかりである。このような状況はどうすれば打破できるのであろうか。

日本は戦後の混乱期を潜り抜けた後、高度経済成長を通じて世界でトップクラスの豊かな社会を実現させた。アメリカを中心とする先達がいなくなったバブル後は、失われた二十年（三十年）を経てもなお、方向性や日本モデルといったものを見出せず、未来に希望を持てない大きな流れの状態から脱することができない。その中で、大組織に勤めるよりも起業することに希望を見つけたい、という価値観の変革が一つの突破口である。その変革をバックアップする社会的パワーの弱さが日本の弱点であるが、そのような状況の中で、平成二十年「公益法人制度改革関連三法」が施行され、日本の公益法人制度が大きく変わることとなった。すべての公益法人が、公益目的事業推進法人として、一からの出直しを求められたのである。その公益活動の一つとして、起業家支援体制構築に取り組むことは、起業家に対する社会的評価向上を通じて日本社会の活性化にも資することになり、この機会を逃す手はない。

新しい公益法人とは、公益目的事業推進者として国によって認定された法人である。従来の公益法人は明治時代の民法による規定だけで、はなはだ曖昧な存在であった。それを明確化し、社会のためにもっと積極的に活動してもらおうというのが、百年ぶりの制度改革である。一方、法人の中で圧倒的多数派である株式会社のホームページ（以下ＨＰ）を見ると、どの会社も収益・利益の大きさ以上に企業の社会的責任を果たそうと、社会貢献を強く訴え、実際にも様々なＣＳＲ活動に取り組んでいる。本来、公益と社会貢献とはほとんど同義である。非営利法人である公益法人の公益追求と、営利法人である株式会社の社会貢献とは何がどう違うかは、明らかではない。現代の起業家は、何らかの社会貢献への意志を強く持っている。コンセプトを明確化した上でそれらが互いに協力して事業を進めれば、強欲資本主義でもなく、強い国家権力主導型社会でもない、新しい社会を日本から発信できる可能性が高いのではないだろうか。

筆者は民間企業に長く勤務した後、私立大学大学院ＭＢＡスクールで約十年間、経営実践経験を社会人ビジネスパーソンに伝える仕事に従事した。その後、公益法人制度改革に伴う公益財団法人丸和育志会の立上げ（内閣府への移行認定申請とその後の運営）に、準備期間を含め、約八年間専務理事として参画した。その実務経験は次の三点で貴重な経験であったことと、その実践知は、起業にも企業経営（起業家は成功すれば企業家となる）にも活用可能なのでは、という思いが本書出版の動機である。

一、法人経営の一からのスタート経験（理念・事業・経営システム設計）
二、小規模法人の実経営経験（部下がいないためあらゆる業務にコミットする実運営）
三、世のため人のためと俗に言われる社会貢献事業経験

丸和育志会（高橋祐直理事長）の前身丸和育英会は、日本最初のマーガリン（人造バター）製造会社丸和油脂株式会社の高橋福造社長（故人）から、在学中の子息の急死を機に提供された基金を中心に設立された財団法人で、昭和五十年（一九七五）一月以降、約四十年間奨学金給付事業を推進してきた。現在日本では、奨学金を貸与されて卒業したものの卒業時点で想像を絶する多額の借金を抱える奨学生や、返還資金を確保できず個人破産にまで追い込まれる者のニュースがメディアを賑わしている。が、同財団は創設以来一貫して返還不要の給付型奨学金制度を維持し、給付奨学金総額は四億六千万円、人数は六百三十名を数えている。

移行認定申請時の同財団検討委員会や認定後の理事会では、奨学金給付事業を従来通り継続するだけでは、せっかくの法改正の精神を十分生かしているとはいえないのではないか、少子高齢化を中心にあらゆる面での国力低下が年々著しい日本社会の実情を顧みたとき、当財団でこそ可能な事業を実施すべきではないかが、主たる議論項目であった。そこで奨学生選考基準

に、卒業後、社会へコミットする志・意欲要素を加え、さらに新たな事業として「ソーシャルビジネス支援事業」の追加を内閣府に変更申請し、認定されるに至った。経産省等のＨＰには、「ソーシャルビジネスとは、社会課題をビジネスの手法を用いて解決する」とあるが、社会課題の定義は明確ではなく、ソーシャルビジネスコンセプトの成熟度や社会的浸透度もまだ不十分である。現時点では、社会貢献内容を明確に説明したビジネスとその継続、および利益追求のために社会貢献を犠牲にする行動を決して許さない経営者が推進するビジネス、を当財団でのソーシャルビジネスとした。

事業資金がないという事実の前に、起業など思いも拠らないことが一昔前の常識であったが、その理屈は金余りの現在では成立しない。不足しているのはお金ではなく、〔アイデア＋構想力豊かな事業プラン＋志ある人物〕である。誰もが驚く新鮮且つ実行可能な事業プランが提示されれば、投資・融資しようという人は多数存在する。場合によっては彼らの方から出資させてほしいと頼んでくるかもしれない。ただし投資・融資者は事業プランだけではなく、起業家の能力とやる気度を重視している。そこで当財団では、世の中に役立つ事業を本気で起業しようとする人々のための支援事業をスタートした次第である。プログラムの中心は、事業プランや既存組織内の新規事業応募プランの中で優れたものを優秀プロジェクト賞として表彰し、一人百万円を副賞として年間五名を目途に給付するものである（この五年間で二十四名に対し二千四百万円を給付済み）。実際に事業を立ち上げることが必須条件であり、ＭＢＡスクール卒業論文に匹敵するような形式の整った事業計画であっても、実施スケジュールが不明確であれば表彰されず、実施しない場合には副賞賞金の返還を要求する。

社会が社会貢献や公益を意識した行動に注目しつつあることは疑いがない。その際のキーワードは、やはり〝志〟である。明治時代、札幌農学校の生徒に対してクラーク博士が発したメッセージ〝Boys, be ambitious（少年よ、大志を抱け）〟が、未だ多くの日本人の心に浸透している事実は、日本文化が志に高い価値を認める証左である。自己中心の快い願望である夢と異なり、志には個人を超え、多くの人の夢や願望をも叶えてやろうとの気概、すなわち未来への強い挑戦意志が存在している。現代は、二百の国と七十億の人間がモノ・金・情報・交通網で密接に結ばれた超複雑化世界である。志が高ければ高いほど、その実現の難しさは過去の比ではない。また現代の志は、幕末や明治時代の政治的志がイメージするものとは大きく異なり、人間の従来の労働がほとんどすべてＡＩ、ＩＴ、ロボットに取って代わられるという未だかつて経験したことのない社会を想定しなければならない。その世界の中で、グローバルな視点のもと、ダイバーシティが前提の地域や個人のこだわりの追求が基本となる。それらの活動は、日本文化の弱点とされてきた「個の表出」を嫌う風土の克服を実現し、世界が認める「課題解決先進国日本」の面目躍如となる可能性も考えられる。

消費者から事前に資金を集めておいて平気で倒産する和服賃貸業者や旅行エージェント業者、製品の品質保証データを組織ぐるみで改竄《かいざん》する大企業が、世間の非難を浴びている。さらには世界第二の自動車会社のトップが、法律に違反して報酬を得ていたとして逮捕される事件まで発生している。公益法人にも不祥事は尽きない。本来、人間は性悪であり、社会貢献より金銭欲・権力欲に駆られた行動を優先するのは当たり前とみんなが思い込めば、そういう社会が生まれることとなる。一方、もっと社会のために役立つ仕事をしたいと、真剣に考えている人が少なからずいることも厳然たる事実であるが、その人々が過去と同様、貧しくとも清く生きたいと願っているのであれば、結果も過去と同じく、社会を大きく変える力には育たないであろう。何故ならお金を軽視する清貧志向者は、お金がもたらす豊かな人生を、指をくわえてやり過ごす場に何度か遭遇するため、多くの賛同者を獲得することが難しいからである。

「志」という言葉には、使いきれない富の蓄積に人生のすべてを捧げる愚かさを指摘する意味が含まれているが、富と志とは決して二項対立概念ではない。社会に役立つ仕事をしたいと真剣に考える人々が、お金の意義とその限界について深く考え抜き、周囲の人々の納得を得ることは、社会に役立つ仕事に光を当てる重要なポイントである。富や名誉を求める心を卑しいものとする清貧志向文化を是とせず、富がなければ、個人の幸せも社会の発展もない現実を十分認識する必要がある。自己実現と社会貢献を目指す志ある個人が、仲間を募り組織を活性化し事業推進した結果、相応の富と栄誉を獲得する、それを支援することこそが、公益財団法人丸和育志会の志である。法人名称「丸和育英会」を「丸和育志会」に変更したのは、志と実践の重要性を強調するためであった。今や、政府や大企業だけで、この超複雑化した時代の日本社会を活性化することは、困難である。公益法人も一法人でできることは僅かである。協力できることは対等の立場で協力し、より社会的課題の解決力を強めることが大切である。「自分で考え、仲間を作り、実践する」ことが一人ひとりに、一法人一法人に求められている。富が唯一の人物評価基準となった観のあるグローバル社会で、〝富と志のバランス〟についての社会的コンセンサスをつくり上げることは、志が世界に影響を与える日本発コンセプトになるのではないだろうか。

本書の構成は、次の通りである。

第1章では、企業経営について述べる。社会の一員である営利法人（企業）は、社会に対する影響力が大きい分、個人よりも当然責任は大きい。が、利潤追求第一優先であり、企業の社会的責任は税金納付により十分果たしているとの考えが根強い。既述した通り、企業が様々な問題を引き起こし、社会から十分な信頼と信用を得ているとは言えない状況は、経営そのものに原因があるはずである。経営は科学ではなく実学であり、二十世紀以降大きく発展した経営学に、多くの経営者が自らの経験から得た実践知を重ね合わせ、経営実学として深化させていく必要がある。利潤追求優先の営利法人を、公益優先の公益法人経験から考察することには意義がある。起業家はいずれ企業家になる。起業家にとって最終目標が魅力的でなければ、達成のための強いエネルギーは引き出せない。そこで、企業経営に役立つと考えられる実践知28項目をできる限り具体的に説明し、★印で囲った一行メッセージで列記した。

第2章は、明治以来百年ぶりに改正された公益法人制度と、それに基づいて行った法人経営実務、特に第1章のまとめのベースとなった三点の経験の具体的内容を説明する。それを通じて、営利法人（株式会社）と非営利法人（公益法人）の社会貢献の関係及び起業家支援について考察する。

第3章では、起業こそ自己実現と社会貢献を両立させるにふさわしい仕事であり、起業家魂こそ社会発展の原動力であることについて述べる。キーとなる考えは、《他人と同じことはしない》に集約される。また、その起業を構成する主たるビジネス要素のコンセプトについて説明するとともに、日本文化が欧米に比し内向きである原因の一つに責任概念の誤解があること、および現代のような多様な価値観の受け入れを強く求められる時代にこそ、既存知識の応用・活用を超え、実践行動とそれがもたらす実践知の獲得が大切であることを述べる。最後に、起業後数年内の経営者から事業の概要と感想を述べていただく。

経営革新による日本社会の再活性化が、本書の変わらぬ課題である。次世代及び次の時代に何らかの貢献となるよう、「多面的で柔軟な思考」からの前向きのご意見をいただければ幸いである。

平成三十年十二月

（丸和育志会ＨＰ：https://maruwa-ikushi.org）

起業する前に読む本❖目次

第2章　法人の社会貢献活動と社会の活性化

第1章

法人（企業）経営の28の実践知

1　事業と経営理念について（実践知1〜5）

経営理念とそれに基づいて推進する事業の在り方は、営利・非営利を問わず、法人の存在意義にかかわる最重要問題である。公益法人制度改革は、各公益法人に事業の在り方を見直す機会を提供してくれた。企業では、生き残りや利潤追求観点からの事業売却や買収がしばしば行われるが、経営理念からの事業改廃は少ないようである。それは企業の社会貢献活動の性格に、一定の影響を及ぼす結果となっている。

事業のオリジナリティ

メーカーにおける重要機能はいうまでもなく商品開発であり、その商品開発業務を行う際に基本となるのは、商品コンセプトである。商品コンセプトとはその商品の基本的な考え方などといった曖昧な表現よりも「商品コンセプトとはその商品がユニークに満たす消費者ニーズである」とした方が思考力の活性化に役立つ。法人が実施する事業コンセプトもそれと同様、「その事業がユニークに満たす社会的ニーズである」とする方が適切である。平成二十年の公益法人制度改正法の施行は、結果としてその観点から、当財団の事業（奨学金給付事業）についても見直しを迫られることとなった。

奨学金給付事業を開始した一九七五年頃は、大学生数も奨学財団も限られていたため、奨学生は毎月振り込まれる奨学金を学費や生活費に回し、卒業後は社会の様々な分野でそれぞれが活躍している。その点から考えると、立派な事業を長く行ってきたことは疑いない。

その後、創業期には想像もしなかった大学進学率アップ、グローバル化や少子高齢化を中心に日本社会は大きく変化した。従来からの、規範に則って真面目に対応する国民だけでは、日本社会は過去の財産も文化価値も、根こそぎ引き抜かれ失ってしまうことが現実のものとして、広く認識されてきている。偏差値の高い大学の圧倒的多数の学生が、大組織中心に就職すれば、遠からず日本社会の閉塞状況は打破されるに違いないなどと期待している人は、今やほとんどいない。

当財団法人が、創設以来継続してきた事業を一言で表現すれば、成績優秀で経済的困窮状況にある高校生と大学生に対する返還義務のない奨学金給付事業、となる。給付型であることを除けば、日本学生支援機構等の独立行政法人や、他の奨学財団が行っている事業と何ら変わりがない。自由主義経済では、競争による効率化の実現が基本にあるので、それを考慮したとしても、まったく同じ事業をする法人は二法人で十分といえる。ユニークさのない事業に存在価値はなく、それを推進する法人の存在価値も問われることになる。まったく同じことをするのであれば、協力して行なうことにより、成果の拡大や、共通コストの削減にも役立つこととなる。

実践知1

★複数の法人がまったく同じ事業をするのであれば合併した方がよい★

事業の実際（公1奨学金給付事業）

事業のユニークさを考え、奨学生選考基準を従来の成績＋経済的困窮度に加え、卒業後、少なくとも十年後の志を作文してもらい面接でも重視することとした。学生は卒業すれば、一人前の社会人として、実社会で活躍してもらわなければならない。その活躍内容が、過去とは抜本的に変革されようとしている。ものづくりであれサービス業であれ、基幹業務すなわち今日のメシを稼ぐ定常的業務は、従来よりも高度に自動化された工場の製造設備や物流設備に、また支払業務その他のサービス業務もＡＩを搭載したシステムやロボットに席巻されるものと思われる。

そこで求められるのは、上司に指示されたことをミスなく確実に実行する人材ではなく、長期的観点から人間とロボットの強み弱みを見抜いたマンマシンシステムの設計力や、システムトラブル原因を的確に見抜き、具体的解決行動を実施できる人材である。あるいはもっと広い文化的、歴史的視野から新規のプロジェクトを企画立案し、プロジェクトマネージャーとして、実際に推進できる人材である。

答のある問題に対して、真理を理解・記憶し、その組み合わせによって解答を出すことが得意というだけでは、今やコンピュータやロボットに対抗しても到底勝ち目はない。一方、答のない実際問題の解決には、自分一人ではなく、多くの人の知識と知恵を活用する能力が求められる。解決のアイデアや構想に加え、説得力要素が問題解決の重要要因となることも、過去とは大きく変化した。所属組織内メンバーに加え、組織外にも広く人脈を形成していないと、創造的問題解決力を磨くことは不可能である。そのような志ある潜在能力を持つ学生こそを、返還義務のない奨学金給付対象としたい。

また奨学生は奨学金を受け取ってしまえば終わりではなく、卒業すれば丸和育志会奨学生同窓会メンバーとなる。同窓会が、年に一度の開催と昔を懐かしむだけの集まりでは、余りにもコストパフォーマンスが悪いと言わざるを得ない。同窓会メンバー同士間で作った個人的関係が、各人の仕事やプロジェクト推進に役立つ、あるいは起業や社会貢献プロジェクト等新しいことを始めるきっかけになり、ダイバーシティ時代の多様な人間をネットワーク化する経験にすることもできる。その自主的行動力が、期待することである。

その可能性を秘めた会合を同窓会員同士で企画立案するには、同窓生のバックグラウンドはある程度分散していた方がよい。そこで五分野（農業・植物／漁業・海洋／ヘルスケア／グローバル／ＩＴ・情報システム）を設定し、各分野の指定校から候補学生を推薦していただくこととした。分野は、日本の将来と当法人の過去の活動実績を考慮に入れて設定し、指定校は、単に入試の偏差値だけでなく研究・教育成果を含め、特色ある学校を指定することとしている。

候補学生を最終的に選ぶ外部選考委員会の奨学生選考基準は、学業成績・経済困窮度・志・卒業後の業務推進能力見込の四項目としている（図1は平成三十年度奨学生授与式）。十年後、二十年後、彼らが中心となって外部からの人材をも広く取り入れたプロジェクトチームを作り、インターディシプリナリー、トランスディシプリナリーなアプローチで成果を挙げたときの顔が楽しみである。

法人固有の事業の在り方を自主的に考え、オリジナリティ面からの事業見直しを実施できたのは、法改正の柱の一つに掲げられた法人自治という方針転換のおかげといえる。自治には何よりも自主性が求められる。丸和育志会自身も主体的・自主的な思考と行動を体質化していくことは公益法人としての義務であることを理事会で繰り返し確認している。

ちなみに、平成三十年九月、数十年前の丸和育英会奨学生から、定年を迎えたので在学中の奨学金受給のお礼に、と百万円の寄付があった。本来の趣旨からしても想定外のことであるが、半世紀も前に、社会から助けてもらったことを忘れず、一定の生活状態、経済状態を確保できた人が社会に恩を返すことは、健全な集団、健全な社会の証しと、有難く受領した次第である。

図1　平成30年度奨学生授与式

実践知2

★奨学生（有能社会人候補者）の条件は経済的困窮・学業成績優秀に加え、「志」が必要★

事業の実際（公２ソーシャルビジネス支援事業）

法人事業のオリジナリティ検討の際の議論は、次のような項目であった。

・有能な学生に奨学金を給付しても卒業後は自己責任で勝手にどうぞ、では片手落ちではないか

・卒業後十年二十年を経た時点で、彼らが中心の社会的意義あるプロジェクトでの実成果に期待するというのであれば、その期待に沿った仕事を財団法人として支援すべきではないか

・我々が社会に発信したいメッセージも、そのような活動を通じて明確に伝えることができるのではないか

そこでそれらの議論をもとに、新たに立ち上げた事業がソーシャルビジネス支援事業である。「はじめに」でも述べたが、一部省庁のＨＰには、ソーシャルビジネスとは社会課題をビジネスの手法を用いて解決することとしている。ただ社会課題の定義が明確に決められているわけではなく、また「ビジネスの手法」が具体的に何を指しているのかも定かでない。コンセプトとしての成熟度や社会的コンセンサスもまだ不十分であるため、当法人においては、「社会貢献内容を明確に説明しているビジネス」、および「利益追求のために社会貢献を犠牲にする行動を決して許さない経営者が推進するビジネス」とした。

また支援対象を必ずしも起業に限定するわけではなく、社会貢献度合いの大きな特定プロジェクトも十分あり得ることを考慮して優秀プロジェクト賞と命名し、選考基準は、社会貢献・

図2　優秀プロジェクト受賞一覧

平成26年（2014）
『ヘルスケア産業従事者認証事業』
『ロングステイ支援事業モデルLei Ohana』
『日本医療面接訓練評価センター：JaMITAC®の設立』
『大学生・専門学校生卒業就職支援学習塾事業』
『シリコンバレーにおける「多っかソン」実施事業』

平成27年（2015）
『Medical-Tourismを山梨で』
『医療機器・医学系研究開発支援連携事業』
『進学学生と学校のマッチング事業』
『独居者の健康管理事業』
『エスニッククッキングサロン運営事業』

平成28年（2016）
『チーム医療関連の草の根勉強会 支援事業』
『地域コミュニティの未来を創るプロジェクト』
『ロサンゼルスリトル東京 再開発計画』
『発芽ニンニクによる真のソーシャルビジネスの確立』
『日中糖尿病遠隔治療プロジェクト』

平成29年（2017）
『知的発達障害児と学び合う両育ワールド』
『「泊まる」の新しい価値観の旅を全ての人へ』
『働く女性のためのキッズキャンプ』
『外国人材活用推進プロジェクト』
『就活学生と企業の新しいマッチング事業』

平成30年（2018）
『コオロギの食糧資源化事業』
『ゲームを活用した生活習慣病予防対策』
『指定外難病者700万人の 社会参加支援の取り組み』
『にんしんSOS相談員育成研修プロジェクト』

図3　平成30年度優秀プロジェクト賞授与式

オリジナリティ・具体性（実現度合）・説得性（他人を巻き込む力）・志（社会貢献や社会的意義に対する本人の思い／困難を乗り越え達成する意欲）の五項目とした。経営研究会参加者や様々なルートからの応募者を外部審査委員会で審査の結果、これまでに、図２の二十四プロジェクトを表彰し、支援金として百万円ずつ、合計二千四百万円を授与した（図３は平成三十年度優秀プロジェクト賞授与式）。

受賞者がぶれない志（自己実現）を持ち続け、受賞者本人が社会人として満足する一定の生活水準を確保しながら、社会貢献の実感あるビジネスの継続が、このプロジェクトに期待する第一である。行動は慎重であっても、目標は大きいほどよい。受賞者の事業によって喜ぶ相手は、日本だけでなく、広く世界中にいると考えれば、小さなビジネス領域で満足できるはずはない。利益の一部を社会貢献の寄付に回せるほど十分過ぎる利益が出るまで、気を緩めることなく、ビジネスに集中してもらいたい。既に二名の受賞者からは、ビジネスの規模はまだ大きいとは言えない段階で、寄付金の申し出があり、有難く受領し次の受賞者への基金としている。

当法人の存在と、以上述べた活動内容・事業内容を広く社会に告知し、趣旨を正しく理解した応募者数確保を目的として、ＥＬＰＡＳＯ会（図４）という会員組織を立ち上げた。今まで述べた法人理念に賛同いただける方は、誰でもいつでも入会できることとし、ＥＬＰＡＳＯ会趣旨への賛同に加え、二十万円以上の寄付をしていただける方を、ＥＬＰＡＳＯ会フェロー会員として、寄付をお願いしてまわったところ四十三名（平成三十年十二月現在、ＨＰ参照）の方々から一千万円を超える寄付金を集めることができた。

図4 ELPASO会

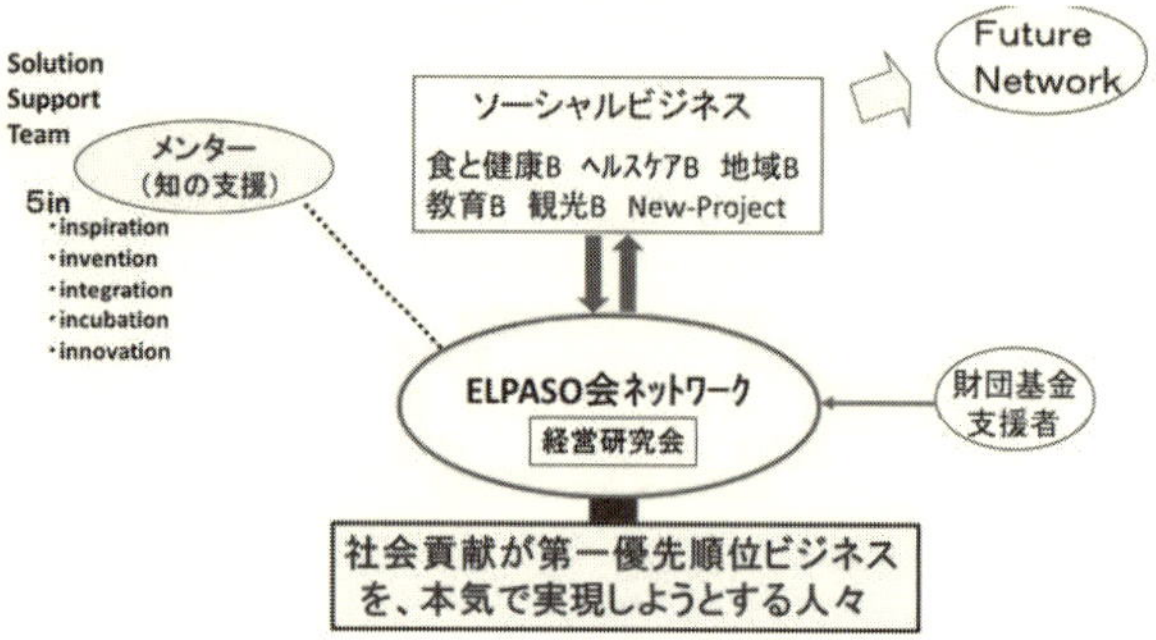

- **E**:Entrepreneur　起業家魂こそ社会発展の原動力
- **L**:Liberty　自由に好きな仕事をして社会貢献
- **P**:Professional　ﾌﾟﾛのﾈｯﾄﾜｰｸが時代を切り開く
- **A**:Ambition　豊かな人生は高い志から
- **S**:Systems-Approach　ｼｽﾃﾑとして捉える力が洞察のｷｰ
- **O**:Open-Mind　真のﾊﾟﾜｰはｵｰﾌﾟﾝな組織風土から

図4で重要なのは、メンター（知の支援）である。金余り時代の起業家にとって必要なものは資金援助よりも知的援助、つまり実践知を含む知識と知恵のサポートである。それを、可能な限り志を同じくする本来の意味の有識者のボランティア活動で支援しようというのがメンターである。

新しいビジネスを立ち上げるには、起業資金の前に、〔アイデア＋構想力豊かな事業プラン＋志ある人物〕の三者が揃う必要がある。すべてを一人で確保することが難しい場合は、他人の力を借りなければならない。その場合は、本人の志と行動意欲が本物であれば知識と知恵のサポートは可能である。一方、知識と知恵はあっても、起案者に志や実行するガッツが不足しておれば、それをサポートすることはできない、というのがメンターの元にある考え方である。

ちなみにアクロニム（頭字語）であるＥＬＰＡＳＯのそれぞれの意味は、図４の通りであるが一言加えると、ＥＬＰＡＳＯは米テキサス州の人口二百万弱の元メキシコ領のシウダフアレスという街である。十九世紀中葉、アメリカ領になったとき国境をリオグランデ川としたため、川が街の真ん中を通る同市は、長く両国民が国境を越えて自由に行き来できる街となった。またスペイン語elは英語の定冠詞the、スペイン語pasoは通路という意味である。そこで、今後の混乱する世界、超複雑化社会にもっとも必要とされる「多面的で柔軟な思考力」に引っかけて、同じ街を北から見ればエルパソ、南から見ればシウダフアレスという〝柔軟思考〟への〝通路〟を、丸和育志会のシンボルにしようとした次第である。

実践知３
★志ある人に必要なビジネス成功のキーは資金よりも知識と知恵の支援★

六十回を超えた月例経営研究会

ソーシャルビジネス支援事業告知と応募者確保を目的としたＥＬＰＡＳＯ会の具体的な活動として、経営研究会を毎月開催することとし、平成二十五年五月、クラウドファンディング事業の創業者による講演会を、キックオフミーティングとして月例経営研究会はスタートとした。それ以降毎月末開催を原則とし、平成三十年十二月末までに六十三回の研究会を開催してきている（図５参照）。

（回数、講演タイトル／講師、所属・職位）

《平成25年》

0　クラウドファンディング（Kick-off Meeting）／小松真実（ミュージックセキュリティーズ㈱代表取締役）

1　日米アントレプレナー比較／本荘修二（General Atlantic LLC代表本荘事務所代表）

2　潜水艦のリスクマネジメント／伊藤俊幸（海上自衛隊術科学校校長）

3　多様な法人経営／塩井　勝（アーンストヤング税理士法人パートナー）

4　健康食品事業とは／辻村秀雄（サントリーホールディング㈱常務執行役員）

5　富と志のバランス／澁澤　健（澁澤栄一子孫、コモンズ投信代表）

6　ウイスキーのブレンド技術／輿水精一（サントリー㈱チーフブレンダー）

7　グローバル＆ローカル-医療と産業-／真野俊樹（日本医師会病院委員会委員長）

《平成26年》

8　コーポレートガバナンス再考／加護野忠雄（甲南大学特別客員教授）

9　アマゾンが日本の物流を変える／角井亮一（㈱イーロジット代表）

10　アベノミクスの帰結と投資行動／日高信行（りそな銀行投資担当香港ヘッジファンド社長）

11　看護業界の今後／和田幸恵（日本看護協会事業局長）

12　超高齢多死社会に向き合う日本の医療界／黒岩かをる（薫陶塾代表）

13　訪問介護事業の現状の課題と取り組み／羽賀篤史（（㈱やさしい手沖縄代表）

14　先端都市に仕掛ける先端事業／望月照彦（構想博物館館長）

15　旅ビトとの交流が生みだす地域活力／丁野　朗（日本観光協会常務理事）

16　若き地域起業家がデザインする事業構想／亀井省吾（（㈱ユナイテッド・エス代表）

17　なぜ今ソーシャルビジネスなのか／田中勇一（リンウル㈱代表、社会起業大学理事長）

18　ソーシャルビジネスであたりまえを創る／高橋ゆき（㈱ベアーズ専務取締役）

19　伝統と革新を両立させる経営手法／中島義雄（㈱セーラー万年筆代表取締役社長）

《平成27年》

20　修羅場経験と経営者／島田精一（元三井物産㈱副社長）

21　趣味の効用／佐川八重子（㈱桜ゴルフ代表取締役社長）

22　経営戦略のコンテクスト転換／原田　保（地域デザイン学会会長）

23　日本メディカルツーリズム／藤上理奈（(社)日本医療通訳士会代表）

24　ヘルスケアビジネスモデルイノベーション／山本　伸（(社)ビジネスモデルイノベーション協会理事）

25　子育ては、男女平等参画／津田喬子（名古屋市立名誉病院長、日本女医会会長）

26　次世代型クラウドツーリズムを仕掛ける／望月照彦

27　島人への“感謝”が生み出した小豆島事業／柳生好彦（小豆島ヘルシーランド㈱代表）

28　弱者の持続的成長戦略／亀井省吾（（㈱ユナイテッド・エス代表）

29　新しい市場開拓・成長の継続が社会貢献／清水　圭（㈱ロハスインターナショナル代表）

30　持続可能な百年経営実現の事業戦略／西村剛敏（明成建設工業㈱代表）

31　社会課題解決ソーシャルビジネス特化会社／鈴木雅剛（㈱ボーダレスジャパン副社長）

《平成28年》

32　我国石油産業の盛衰と共に／高萩光紀（JXホールディング㈱初代社長）

33　お客様第一経営の実践例／原　信治（㈱神奈川ナブコ代表）

図5 月例経営研究会講演一覧

34　社長力の実践知　パネルディスカッション／日比野・橋本(丸和育志会理事)
35　病院勤務医の長時間・過重労働／重本　桂(医療経営労務管理研究所代表)
36　医療分野のコミュニケーションの変化／薄井信将(多摩大医療ソリューション研究所フェロー)
37　日本と中国の医療観光／劉　理奈(医遊㈱代表)
38　リトル東京モールオブジャパン構想／追分健爾(日照堂㈱代表)
39　吉祥寺の差異化事業構想／望月照彦(構想博物館館長)
40　都市を舞台とした誘惑のデザイン／彦坂　裕(㈱スペースインキュベーター代表)
41　人口減少時代の医療／河内賢二(ニューハート・ワタナベ国際病院理事長)
42　企業ブランディングを実現するCSR／細田悦弘(キヤノンM-Japan㈱CSR企画推進部長)
43　ｿｰｼｬﾙﾋﾞｼﾞﾈｽの可能性-個の解放と社会変革／田中勇一(社会起業大学学長)
《平成29年》
44　子育てしながらｴｼｶﾙｼﾞｭｴﾘｰﾋﾞｼﾞﾈｽに挑戦／星　まり(R Jewels Japan㈱ 代表取締役)
45　我々はどのような時代に生きているか－21世紀－／瀧澤弘和(中央大学経済学部教授)
46　アマゾンと物流大戦争／角井亮一(㈱イー・ロジット代表取締役)
47　Fintechと共感がもたらす新しいお金の流れ／小松真実(ミュージックセキュリティーズ㈱代表取締役)
48　トレンド環境とアウェーな環境でのスタートアップ／河野理愛(コグニティ株式会社代表取締役)
49　トップマネジメントにみた実践知－孫正義氏の周りで－／富田克一(㈱MetaMoJi社外取締役)
50　不確実化する世界、劣化する日本的経営、新たな組織の潮流／本荘修二(本荘事務所代表)
51　現地調査で見た中国政治経済の最新動向／沈　才彬(中国ビジネスフォーラム代表)
52　私学経営の現状と課題／田村嘉浩(学校法人田村学園理事長)
53　地域包括ケアを支える総合医による家庭医療／草場鉄周(医療法人北海道家庭医療学センター理事長)
54　世界初！完全栄養パスタで健康問題を解決する／橋本　舜(ベースフード社長)
《平成30年》
55　ヤザワコーポレーションの事業継承／矢澤英一(㈱ヤザワコーポレーション代表取締役)
56　3つの時期における社長の役割と感情の告白／井田正幸(㈱ブレイク・フィールド代表取締役)
57　これからの社長に求められる仕事と責任／橋本忠夫(公益財団法人丸和育志会専務理事)
58　大企業から中小企業迄経営を貫く本質／矢野　薫(元NEC社長)
59　いい会社を増やしましょう／鎌田恭幸(鎌倉投信パートナー)
60　幸せ＆ｼｪｱﾘﾝｸﾞﾋﾞｼﾞﾈｽﾓﾃﾞﾙCo-Owned Business／細川あつし(㈱コアドライヴィングフォース代表)
61　クラウドファンディングの可能性と海外進出／板越ｼﾞｮｰｼﾞ(戦略コンサルタント)
62　人生100歳時代の世代間交流を考える／西村周三(医療経済研究機構所長)
63　凸凹が活きる社会を創る／上　岳史(ハッピーテラス㈱代表取締役)

当日のスケジュールは、講師による講演が九十分、残りの六十分から九十分を参加者によるできるだけ生々しい議論となるよう努めている。世の中で広く開催されている有料講演会は、主催する側も、当然世間で話題になっている講師を選んでいるため、多くの人にとっての終了後の第一声は、「今日はイイ話を聞かせてもらった」であろう。ところが友人と一杯飲んで語り合い、四、五日経つと内容はほとんど忘れ去ってしまう。その理由は出席者自身がどの分野の問題意識を強く持って出席したのかと問われても答えられないか、あるいは問題意識が本人にとって深刻なものでないからである。いずれにしても、質疑はサロン風になり、本気の議論は到底できないので、結局頭には残らない。学習は一生涯続けるものであるが、学習者の主体的取組みが前提という原則は変わらない。

講師は、大企業トップも若い起業家の場合もあるが、成功経験、失敗経験を自分なりにまとめた経営の実務経験のある方を中心にお願いしている。

昔、サントリー㈱のオーナーは、頭に浮かんだいろいろな疑問、質問、アイデアをメモ書きにし、全社の関連部署に送付してレスポンスを求めていた。メモの元資料は雑多であったが、週刊誌である場合もあった。一ページ毎の週刊誌記事のどこかに何か今のビジネスや将来のビジネスのネタがないかと思いながら読む経営者と、仕事が終わった後の自由時間という意識の下で興味本位に週刊誌を読む従業員とでは、大きな差が出て来るのは当然、と感心したことを思い出す。

主催者側の当初の悩みは、これだけの方々の講演内容と真剣な議論結果を実践知としてどう記録するかであった。現在は、議論のまとめソフトを活用した資料をもとに、事務局で作成したサマリー資料をＨＰの「経営研究会」にファイルしている。この研究会の当初からの狙いは、研究会の議論を通じて実践知なるものを深化させ、その存在意義を明確にできないか、また起業アイデアや新規プロジェクト案が生まれ、起業家やその仲間ができる機会にならないか、ということにあった。今後は、参加者の中の希望者からの発表や新たな実践知獲得方法の提案、各出席者の自主的な自分自身の行動計画を含め、様々な議論を深めていきたいと考えている。

実践知４

★学びたいと強く思う人は他人の経験を含めあらゆることから自主的に学ぶ★

創業者と経営理念

丸和育志会の二つの事業の関係を図６に示す。

公１事業の奨学生は、自然・人間・社会を研究対象として真理を探究することが基本である。一方現実世界では、次々と発生する問題の解決を迫られる。学生時代の研究とは異なり、正解が本来存在しない世界である上に、問題解決期限がある。例えば、戦後昭和三十年代まであった人口増加問題（産児制限という言葉があった）は今や問題自身がなくなり、全く逆の少子高齢化問題の解決を迫られている。そこでは真理は側面援護の武器にしか過ぎず、問題の本質を把握して実効力ある対策を立案・構想し、実行することが求められる。学生はいずれ卒業し社会

図6 公1事業と公2事業の関係

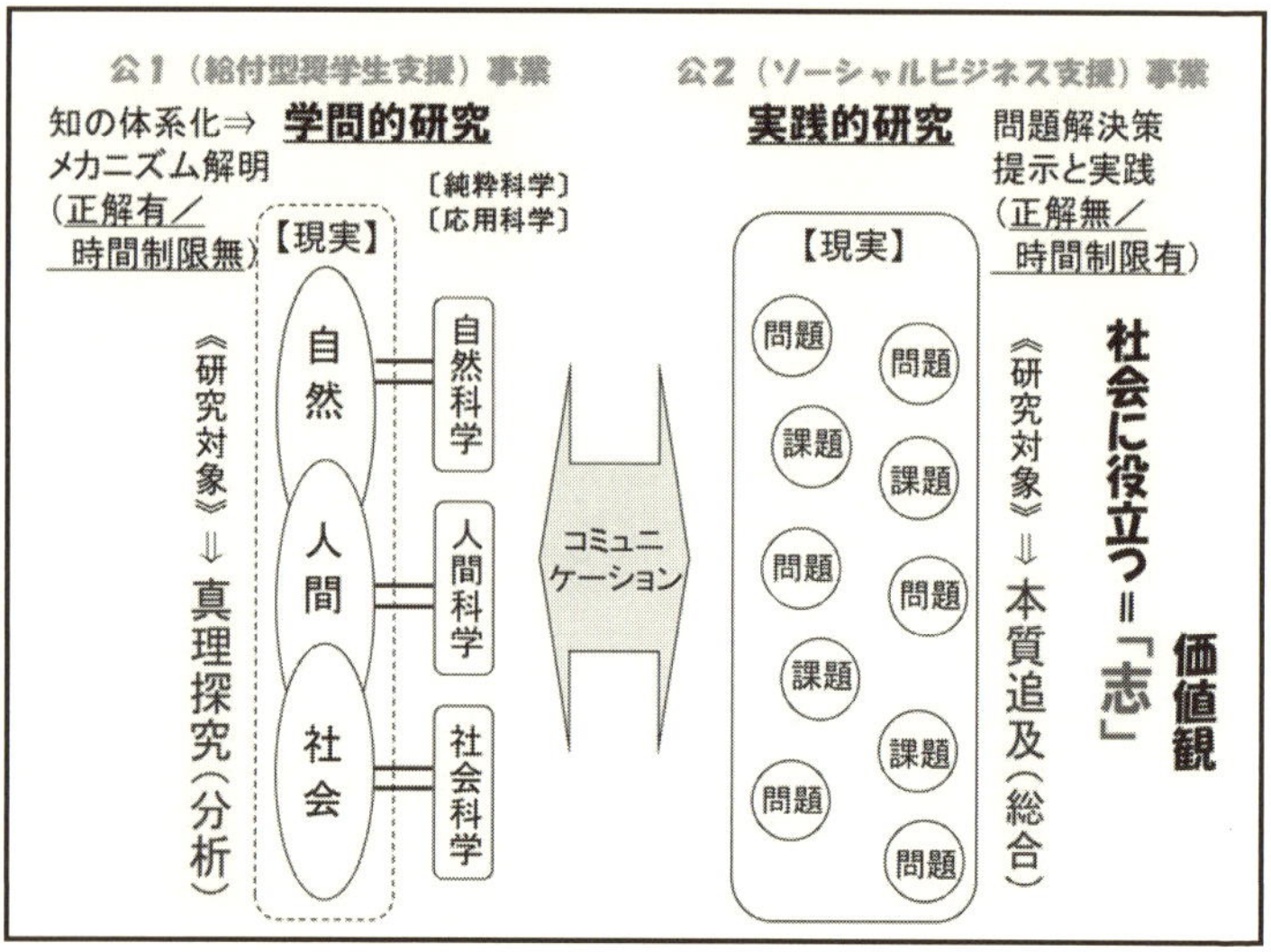

図7 丸和育志会の理念

明治時代、札幌農学校の生徒に対してクラーク博士が発したメッセージ“Boys, be ambitious（少年よ、大志を抱け）！”が、未だ多くの日本人の心に浸透している事実は、日本文化が《志》に高い価値を認める証左である。自己中心の快い願望である夢と異なり、志には個人を超え、多くの人の夢や願望をも叶えてやろうとの気概、すなわち未来への強く厳しい挑戦意志が存在している。

志は究極的には個人に帰するものの時代と社会状況が大きく影響する。21世紀のグローバル化・超複雑化社会、特に一定の豊かさを80年代に実現した後、閉塞状況から脱け出すために必要な内部パワーを生み出せない日本では、挑戦に値する目標を持てない人間が溢れている。志には、使いきれない富の蓄積に人生のすべてを捧げる愚かさの指摘が元々含まれているが、手段に過ぎない富が目標としての分かり易さから最終目標に変質し、志がもたらすはずの深い満足感の喪失状態が続いている。一方、志は、富や名誉を求める心を卑しいものとする清貧志向文化を是とせず、富がなければ、個人の幸せも社会の発展もない現実を十分認識している。“富と志のバランス”の社会的コンセンサスこそ、日本が21世紀の世界に影響を与える可能性のあるコンセプトである。

《志》ある事業の継続・推進により、相応の富・本来の意味の栄誉と不朽の名声獲得に邁進する人材を輩出し、社会に貢献することが、公益財団法人丸和育志会の《志》である。

人になれば、右側の世界での活躍が期待される。そうすれば、ソーシャルビジネス支援事業の前提となる社会変化を適確に認識しているかどうかが重要であり、その基礎の上に理念は構築される。

丸和育志会の理念は既に「はじめに」で述べたが、HPに掲載している理念を改めて示せば、図7となる。理念のキーワード（こだわり）は、『富と志のバランス』である。キーワードの背景にある意識には、富と志を二項対立問題と誤解し、バランスを崩した行動をとっているのに気づかない人が少なくないことがある。

いつの世も、有り余る富を持つ者は少数派である。多数派の中の真面目な人々は、貧しくとも清い生活をしたいと思ってしまう。しかしどう考えても、豊かな生活が悪であるはずはなく、清い生活と貧しい生活がセットものという論理も見出せない。精神的にも経済的にも、本来の意味の清く豊かな生活をこそ目指すべきである。豊かさを望んだが得られなかったので諦め、清い生活だけを目指すとすれば、現代の格差問題等の社会課題解決にリーダーシップを発揮するエネルギーは到底出てこない。

清貧志向に陥るのは、人間としての自分の評価まで周囲に委ねる文化、思い込みが原因ではないだろうか。他人（非難中傷が好きな性癖は誰もが持っており、出る杭を打つことが楽しみという輩も多い）から何と言われようと、自分に自信があれば、行動（できれば仲間を作って）すればよいことである。自己実現および自分と社会との関係についての考えを、日々ブラッシュアップするため、社会や文化、事業や起業・企業について自由にコミュニケーションできる場、実践行動を積極的に評価するコミュニティを提供することが、当財団法人の役割であり、そのコミュニティから、新しいコンセプトや行動を世界に発信する人物が次々と現れることを期待し表現したものが財団理念である。

一方、インターネットには、大企業から中小企業まで様々な企業の経営理念が載っている。今年東証に上場したばかりのメルカリ社のＨＰには、次のように記載されている。

ミッション：新たな価値を生みだす世界的なマーケットプレイスを創る

バリュー：**Go Bold**　大胆にやろう　**All for One**　全ては成功のために

Be Professional　プロフェッショナルであれ

財閥系大企業の三井物産では、経営理念は **Mission・Vision・Values** の三つで構成されるという前提のもと

Mission：三井物産の企業使命

大切な地球と、そこに住む人びとの夢溢れる未来作りに貢献します。

Vison：三井物産の目指す姿

世界中のお客様のニーズに応える「グローバル総合力企業」を目指します。

Values：三井物産の価値観・行動指針

Fair であること、謙虚であることを常として社会の信頼に誠実に真摯に応えます。

志を高く、目線を正しく、世の中の役に立つ仕事を追求します。

常に新しい分野に挑戦し、時代のさきがけとなる事業をダイナミックに創造します。

自由闊達の風土を活かし、会社と個人の能力を最大限に発揮します。
自己研鑽と自己実現を通じて、創造力とバランス感覚溢れる人材を育成します。
とある。
同じく財閥系大企業三菱商事には、第四代社長岩崎小彌太の訓諭をもとに一九三四年制定の「三綱領」と呼ばれる行動指針がある。「旧三菱商事は一九四七年に解散しましたが、三菱商事においてもこの三綱領は企業理念となり、その精神は役職員一人一人の心の中に息づいています」とあり、三菱グループ各社で申し合わされた現代解釈が付記されている。

三菱商事三綱領

所期奉公

事業を通じ物心共に豊かな社会の実現に努力すると同時に、かけがえのない地球環境の維持にも貢献する。

処事光明

公明正大で品格のある行動を旨とし、活動の公開性、透明性を堅持する。

立業貿易

全世界的、宇宙的視野に立脚した事業展開を図る。

同じ三菱グループでも三菱重工の経営理念（社是）は、
一、顧客第一の信念に徹し、社業を通じて社会の進歩に貢献する
一、誠実を旨とし、和を重んじて公私の別を明らかにする

一、世界的視野に立ち、経営の革新と技術の開発に努める

と表現されている。

財閥系でない世界企業トヨタグループの例では、トヨタ創業者の考え方を「トヨタ綱領」としてまとめたものが八十年以上存在し、グループ各社の従業員の行動指針の役割を果たしてきた。しかしトヨタを取り巻く環境が余りにも大きく変化したため、「トヨタ基本理念」を一九九二年に策定し、発表している。綱領と基本理念の両方を、次に示す。

トヨタ綱領

一、上下一致、至誠業務に服し、産業報国の実を挙ぐべし

一、研究と創造に心を致し、常に時流に先んずべし

一、華美を戒め、質実剛健たるべし

一、温情友愛の精神を発揮し、家庭的美風を作興すべし

一、神仏を尊崇し、報恩感謝の生活を為すべし

トヨタの現在の基本理念（筆者が簡潔表現に変更、詳細はＨＰ参照）

一、法の遵守、オープンでフェアな企業活動、国際社会から信頼される企業市民をめざす

二、各国の文化、慣習を尊重し、地域に根ざした企業活動、経済・社会の発展に貢献する

三、クリーンで安全な商品の提供、住みよい地球と豊かな社会づくりに取り組む

四、最先端技術の研究開発に努め、魅力あふれる商品・サービスを提供する

五、労使相互信頼・責任を基本に、個人の創造力とチームワークを高める企業風土

六、グローバルで革新的な経営により、社会との調和ある成長をめざす
七、開かれた取引関係、研究と創造に努め、長期安定的成長と共存共栄を実現する
大切な地球と、そこに住む人びとの夢溢れる未来作りに貢献します。
新興大企業、ソフトバンクグループでは、
経営理念：情報革命で人々を幸せに
ビジョン：世界の人々からもっとも必要とされる企業グループ
バリュー：努力って楽しい
となっている。

以上列記した各社の経営理念からは、次のようなポイントを指摘することができる。

・起業後の年数が短く起業家が健在で陣頭指揮を執っている企業の経営理念は、経営の目的や長期的目標等を表明したものとなっており、理念経営が可能な状態にある。

・「大切な地球とそこに住む人びとの夢溢れる未来作りに貢献する」という経営理念を掲げているのはどの企業か、と問われてすぐに三井物産をイメージする人はほとんどいないが、経営理念が知られていないことを三井物産が特に気にしているとは思えない。

・三菱重工の経営理念には、トヨタの「オープンでフェアな企業活動」という文言がない、と指摘されても三菱重工が修正するわけはない。両大企業の表現の差異は、事業の性格／企業のイメージや歴史、理念作成時のトップの考え方により経営理念に表現すべき内

容は、同じ三菱グループでもマチマチとなっている。
・（超）大企業の社会的責任をモレなく果たそうとすれば、トヨタの「現在の基本理念」のような表現となる。ただしトヨタは、トヨタ綱領をＨＰから削除しようとしていない。

大企業もかつては小企業であった。小企業とは、常に競合や業界ごと競争に敗れ、姿を消す可能性が高い存在である。経営者、特に起業家（創業者）からは、そのプレッシャーを跳ね返し世の中を変えてやろうという信念とエネルギーを背景にした強いメッセージが発せられる。それは当然組織のオリジナリティとユニークさにつながり、構成メンバーの結束と、意欲を引き出す。経営理念や理念経営の実践にもっとも大きな影響を及ぼす要因は企業規模であるとの仮説のもと、企業を次の三つに分けて考えてみた。

Ａ：起業あるいは上場したばかりの企業のように、経営に対する基本的考えが表明されていて、それに対するトップの強い思いが組織内に浸透している企業

Ｂ：創業以来、様々な状況の中で一定の事業数と事業規模を確保した企業（経営理念に従い事業拡大してきたとはいえない）。Ａのように、理念を経営に直接有効な武器とするには一貫性あるコンセプト表現が難しく、無理に表現してもパワーにはなりにくい。ただし会社のさらなる発展に、社員の団結力の維持、強化は必要な企業

Ｃ：いわゆる超大企業で、一貫性ある事業群とはいえない様々な事業を抱えている。社会からのチェックも厳しく、事業経営と同じエネルギーをリスクマネジメントに注がなければならない。また大企業相手の三菱銀行と市民の銀行ＵＦＪの合併のように、元々理

念で合併した訳ではないので、特色ある理念の表明は難しい企業

Ａは、思わぬ壁にぶち当たるまで、突き進む。Ｂは、従来通り、創業者による適切な社員の行動指針を発信する一方で、一貫性ある理念の追求を絶えず試みる。Ｃは、社会人としての企業人の規範を示すことが中心なので、企業のユニークさは薄れ、どこの企業か分からなくなってしまう。明確な理念追求は各事業の中で行うことになるのかもしれない。

それにしても、企業規模が比較できないくらい大きくなり、時代や経営環境も激変している多くの大企業が、なぜ百年以上昔の創業者の理念を大切に守り抜こうとするのか、という問題はなかなか興味深い。それこそ日本文化の影響が大きいというべきではないだろうか。我々の心の中に、実力と同程度に素性の正当性を重視する価値観が埋め込まれている、と思わざるを得ない。文化とは、生半可なことでは変わらない、あるいは変えられないもののことである。三菱商事の例でいえば、三綱領の現代解釈を読むよりも墨で大書された「所期奉公・処事光明・立業貿易」の十二文字の意味を考えながら読む方が、よほど社員に対する効果は大きく、効果効率的経営に通じると思われる。

オーナーでないサラリーマン社長が、四、五年で驚く成果を挙げたとしても、彼の主張する理念が、経営理念として長期に亘り押し付けられることは御免蒙るという心理は根強い。変えられない文化を変えようとするより、創業者を活用して同じ成果を得ようというのは、ビジネスパーソンの正常行動である。

創業初期に危うく倒産しかけた経験を持つ企業では、〝企業とは金がすべてだ〟と繰り返し

社員に訴えた経営者がいてもおかしくない。創業者のメッセージのなかでそのような外部からの賛同が得られにくい表現は、後継者によって修正されブラッシュアップされる。企業経営に役立つ前向きメッセージは、どれもが本来一側面からの表現であり、何とでも解釈可能ともいえる。そうすれば、一定規模を確保した大企業では、創業者（故人、または現役引退者）による経営理念の発信が、社員や関係者への説得度最大になるのは当然といえる。起業家は、企業経営者になったときのために、適切な記録を残しておくことが大切となる。

実践知5

★創業者（故人）の強い思いを理念としてトップが繰返し発信すれば組織内に浸透可能★

2　業務管理のしくみについて（実践知６～12）

予算編成管理制度や責任権限規程の徹底等、企業ではそれなりの仕組が出来上がり運営されている。特に大企業では、官庁並みの仕組が完成しているといってもよい。ところが企業は何よりも業績が重視されるため、外部環境や組織内各部門の要求と仕組・ルール体系との齟齬に苦しみながら活動しており、その結果が建設や自動車等大手メーカーの品質保証データの長期に亘る改竄問題の遠因ともいえる。今般、公益法人制度改革により法人経営を原点に立ち返って考え、設計し運営する機会を与えられた。それを通じて企業の業務管理の仕組に役立つと思われる要点を述べる。

業務管理の枠組設計

現在、丸和育志会で運用中の仕組は図8、図9の通りである。定款の前には法律があり、法令順守を怠って認定取消処分を受けることは、絶対に避けなければならない。そのため、年度

図8 公益法人活動のPDCAサイクル

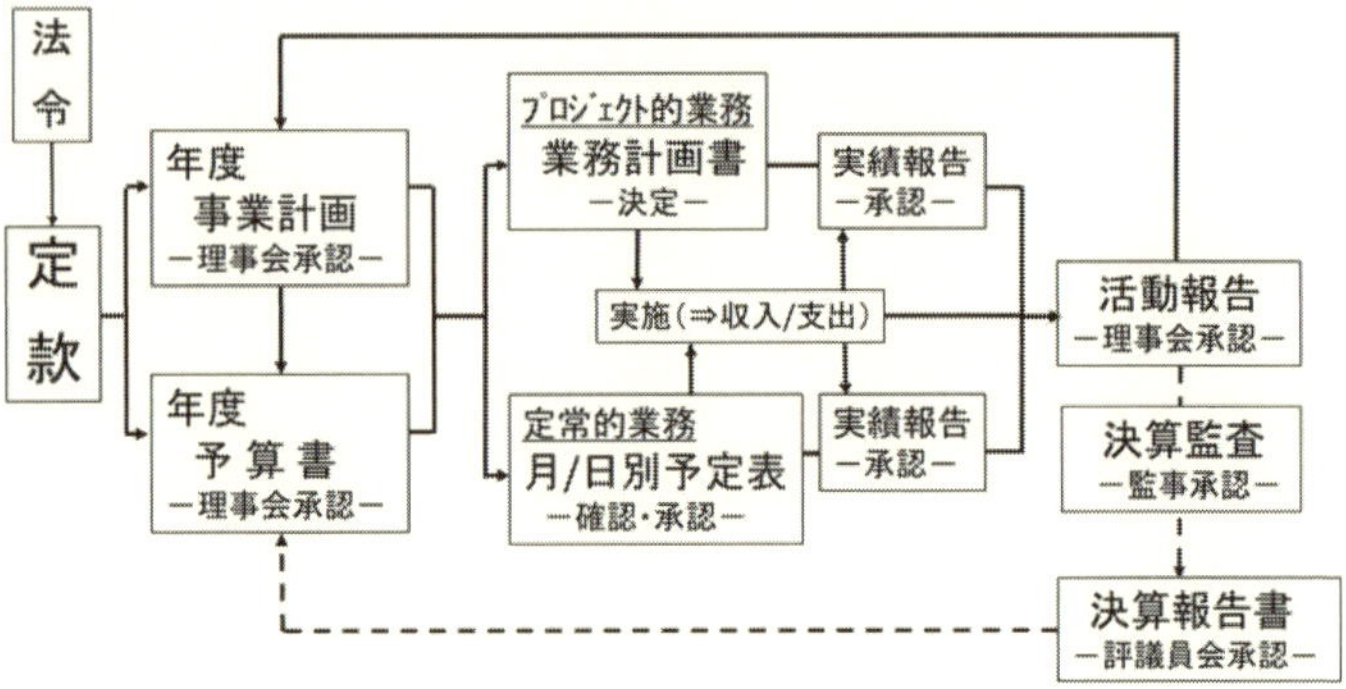

図9 業務別管理サイクルと担当

事業	主な業務	定常的業務 スケジューリング SDCAサイクル	定常的業務 根拠（制限）	プロジェクト的業務 スケジューリング PDCAサイクル	プロジェクト的業務 根拠（制限）
公1事業	募集要領	専務理事 ＋事務局	①年度事業計画＋予算書 ②月/日別予定実績表 ③「諸規程」＋「業務マニュアル」	〔理事会〕 理事長 ＋専務理事 ＋理事 ＋事務局	①年度事業計画＋予算書 ②「業務計画書」－決定・承認－ ③「諸規程」＋「業務マニュアル」
	審査選考				
	授与式				
	研修				
	同窓会				
公2事業	募集要領				
	審査選考				
	授与式				
	報告会				
	研究会				
管理業務	振込支払				
	基金運用				
	理事会				
	評議員会				
	HP運用				

図10 2018（平成30）年度認定基準等適合確認リスト

理事長　印
専務理事　印
事務局長　印

		認定関連法規		確認チェック
認定法第5条	1	主たる目的が公益目的事業を行うこと	○	〔公1＋公2〕事業以外無
	2	公益目的事業を行うのに必要な経理的基礎及び技術的能力を有すること	○	堀井公認会計士との契約＋監事経歴
	3	その事業が、評議員・理事・監事・使用人等当該法人関係者に対し特別の利益を与えないこと	○	給付奨学生/Prj表彰者と財団関係者との関係無
	4	その事業が営利事業者・特定個人・団体に対し寄附その他の特別の利益を与えないこと	○	公1は指定大学公2は審査委員
	5	投機的取引、高利融資等公益法人の社会的信用を失う事業を行わないこと	○	相当する事業無
	6	公益目的事業収入がその実施に要する適正な費用を償う額を超えないこと	○	29予算書は赤字
	7	収益事業等を行うことが、公益目的事業の実施に支障を及ぼさないこと	○	収益事業無
	8	公益目的事業比率は、1/2超であること	○	公益事業100%
	9	遊休財産額が同条第一項の制限を超えないと見込まれるものであること。	○	有休資産無
	10	理事・監事とその配偶者・三親等内親族理事である理事の合計数が理事総数の1/3を超えないこと	○	理事及び監事は相互に関係無
	11	他の同一団体の理事・監事・使用人の合計数が理事の総数の三分の一を超えないものであること	○	同一団体理事は無
	12	会計監査人を置いていること　当該法人の収益の額、費用及び損失の額その他の額が基準に達しない	○	当法人の収益・費用額からは不要
		場合は、この限りでない		
	13	理事・監事・評議員の報酬・賞与・退職手当等が、民間事業者役員に比し不当に高額なものとならない	○	報酬規程内容確認
		支給基準を定めていること		
	14	一般社団法人にあっては、･･･以下略	○	当財団法人には関係無
	15	他の団体の意思決定に関与可能な株式・財産を保有していないこと	○	当該財産の保有無
	16	公益目的事業に不可欠な特定財産があるときは、これに関する必要事項を定款で定めていること	○	当該財産の保有無
	17	公益認定取消処分・法人消滅の場合は、財産残額を1ヵ月以内に他の類似事業目的公益法人等に	○	定款第42条
		贈与する旨を定款で定めていること		
	18	清算する場合、残余財産を類似事業目的の公益法人等に帰属させる旨を定款で定めていること	○	定款第43条
認定法6 29条	1	役員等の中に、認定を取り消された公益法人の理事がいないこと	○	役員等の就任・留任時に欠格確認申告書提出
	2	役員等の中に、刑事犯・不正行為による納税義務違反の罰金刑者・暴力団員がいないこと	○	役員等の就任・留任時に欠格確認申告書提出
	3	定款又は事業計画書の内容が法令に違反していないこと	○	
	4	偽りその他不正手段により公益認定を受けていないこと	○	
	5	国税・地方税の滞納処分が執行されていないこと	○	
	6	暴力団員が事業を支配していないこと	○	
法人法	1	役員に会社法・民事再生法・会社更生法・破産法の違反者がいないこと	○	役員等の就任・留任時に欠格確認申告書提出
	2	監事が理事・使用人を兼ねていないこと	○	16
	3	理事は3名以上であること	○	理事は現在7名

図11 2018（平成30）年度定款適合確認リスト

理事長　印
専務理事　印
事務局長　印

章条	定款	適合	確認チェック
第1章　総則			—
1	名称	○	
2	事務所	○	杉並区内で移動（浜田山）のため定款変更不要
第2章　目的及び事業			—
3	目的	○	“今年度は”高校生に対する奨学援助無
4	事業	○	公1（奨学金給付）事業＆公2（ソーシャルビジネス支援）事業
第3章　資産及び会計			—
5	基本財産	○	
6	事業年度	○	
7	事業計画及び収支予算	○	当局提出済　書類は新オフィスキャビネットに保管
8	事業報告及び決算	○	第1回理事会評議員会で承認の予定
9	公益目的取得財産残額の算定	○	第1回理事会までに作成の予定
第4章　評議員			—
10	評議員	○	現在6名
11	評議員の専任及び解任	○	今年度はなし
12	任期	○	○　全評議員が任期内
13	評議員の報酬等	○	○　報酬対象業務無　評議員会開催時の交通費未払い
第5章　評議員会			—
14	構成	○	
15	権限	○	第1回評議員会で理事4名の留任を決議
16	開催	○	H30.6.14.に決算評議員会を開催の予定
17	招集	○	H30.6.14.に開催予定の決算評議員会は理事会決議に基づき理事長が招集
18	議長	○	H30.6.14.に開催予定の決算評議員会議長は評議員の互選により選出の予定
19	決議	○	H30.6.14.に開催予定の決算評議員会は定款に基づいて行う
20	決議の省略	○	対象議事なし
21	報告の省略	○	対象議事なし
22	議事録	○	H30.6.14.に開催予定の決算評議員会は定款に基づいて行う
23	評議員会運営規則	○	評議員会運営規則が必要となる状況はない

初めに図10認定基準適合確認リスト、および図11定款チェックリスト（図11は定款の一部を表示）に従って、認定関連の法令順守項目と定款各項目を理事三名が一項目毎にチェックすることとした。そしてその結果を理事会に報告し、万全を期している。もっともこれは業務管理の最低の準備業務であり、業務管理はこの後である。年度決算は四月～三月であるので毎年二月末理事会で事業計画と予算書の承認を得て、三月末に理事会議事録等を含めた所定の必要書類を内閣府に提出（法令順守事項）している。

業務の性格が異なれば、業務管理の方法、スタイルは当然異なる。事業目的や組織構造には関係なく、業務管理の方法からは大きく定常的業務とプロジェクト的業務に二分類することが有効である（図8参照）。定常的業務は、企業によっては基幹業務という場合もあり、また日常業務と呼ばれる場合もある。企業が今日のメシを稼ぐ業務であり繰り返し業務であるので、基本的には、定められたルール（規程やマニュアル）に従って行われる。業務の性格上ミスの発生確率は低いが、この分野でミスをすると企業の信用が大きく損なわれる可能性の高い業務である。

管理方法（図12、図13参照）は、PDCAサイクルより、まずはS（スタンダード）DCAサイクル中心に組織内への徹底が求められる。ポイントはあくまでルールを中心としたスタンダードの正しさの保証にある。公益法人の保証対象はものではなく情報やサービスであるが、検査で保証せず工程で保証する、という考え方の徹底は重要である。工程で保証できない管理項目は、当然検査で保証することになる。関係者全員が、仕事の意味を理解し、ミスのない作業に

図12 定常的業務とプロジェクト的業務のマネジメント

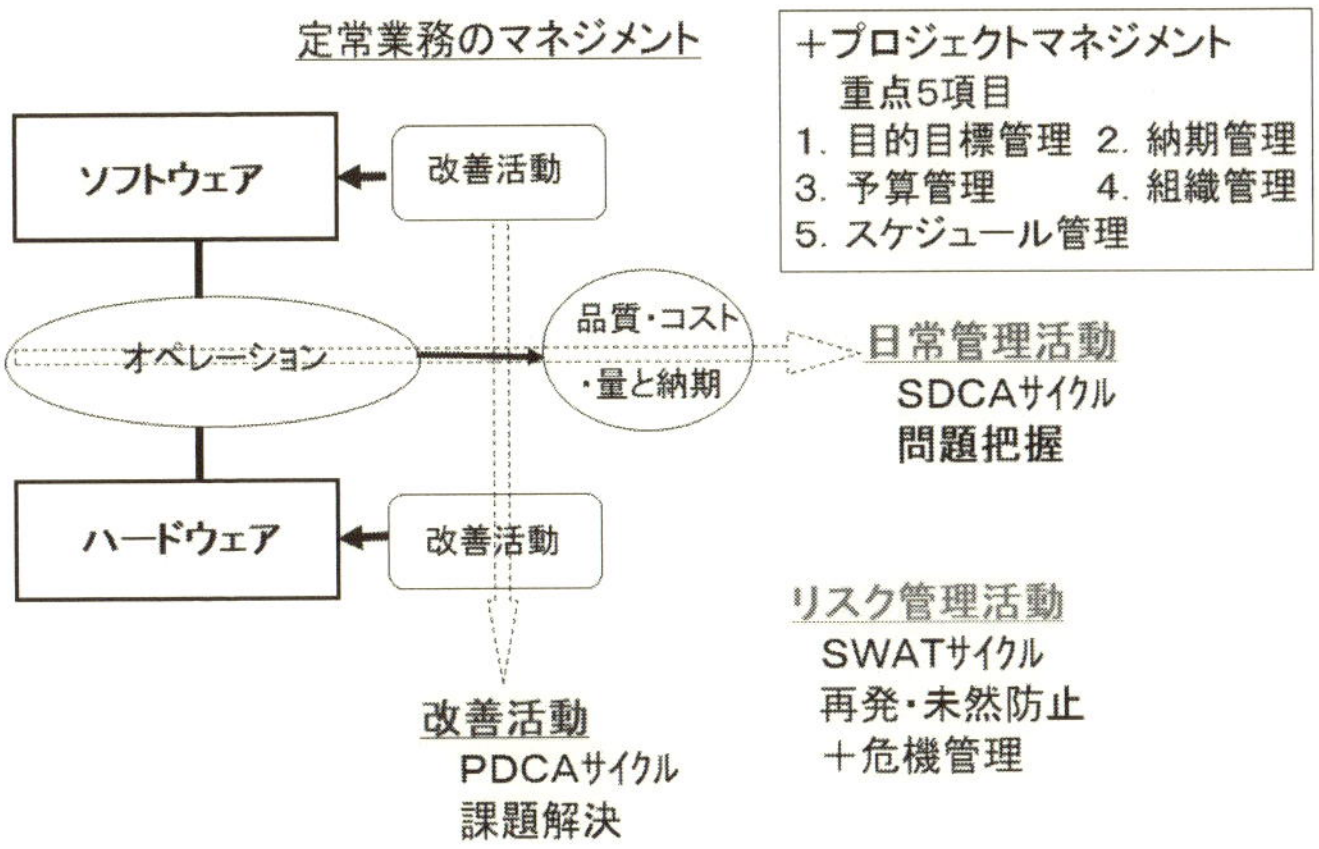

図13 SDCAサイクル

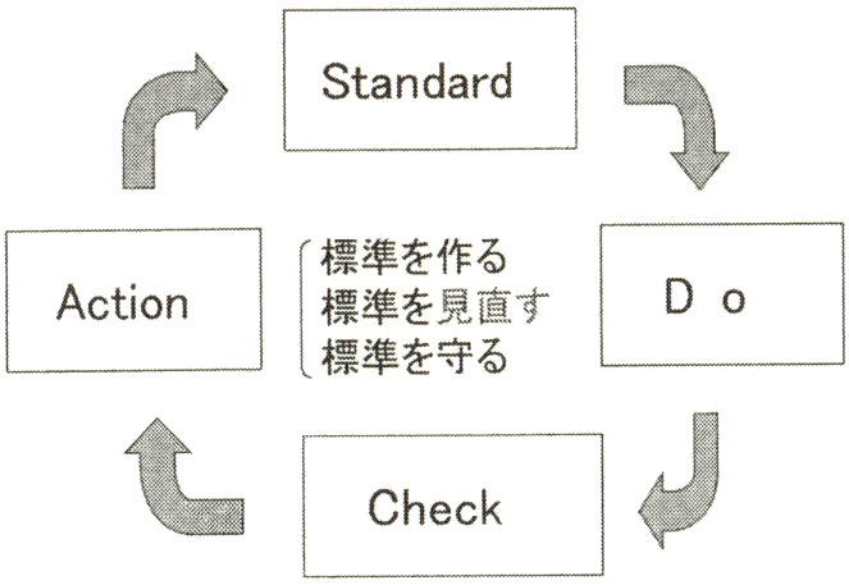

集中できる状態を維持することと同時に、慣れにしたがって発生する作業ミスが、どの程度の影響を及ぼすかを、管理者と担当者が常に検討、把握しようとする習慣が求められる。

一方、プロジェクト的業務とは、定常業務とは異なりスタートと終了時点（納期）が予め決められた一回きりの業務である。業務を推進するマネージャーもメンバーも、一回ずつ集められたと思った方がよい。明確な目的・目標が言い渡される場合（タスクフォース）と、達成すべき目的・目標の検討まで含まれる場合（プロジェクトチーム）がある。プロジェクトの前提が大きく変化したときは、チームが解散となる可能性もある。明確な目的・目標達成のために全エネルギーを集中するという点では、起業家の仕事に似た面がある。プロジェクトマネジメントでは、目的目標管理・納期管理・組織管理・予算管理・スケジュール管理の五つの重点項目の理解と実践が重要であり、各項目のポイントだけを簡潔に述べる。

《目的目標管理》

目的すなわち何のためにこのプロジェクトをやるのか、ということを明確にしておくことの重要性は、普通のビジネスパーソンの頭には、既に十分インプットされている。ところが目標すなわちこのプロジェクト完了時点の姿が、ありありとしたイメージで描けていないまま、短期的マイルストーン管理により仕事を進めているケースが多い。技術開発プロジェクトでいえば、プロジェクトが役割を終え解散するときとは、実験室レベルで見通しが立ったときなのか、工場生産に引き渡す時点なのか、それともこのチームは実生産まで責任を持って担うのかが明確でなかったり、実験室レベルで見通しが立つという内容が明確にスペック化されていなかったりすることは案外多い。これは我々のクセになっている取り敢えず思考の影響でもあるが、プロジェクトマネジメントでは致命的となる。目標がクリアでなければ、終了時点が不明となり、居心地がよければいつまでも仕事を続けることになる。そのためには、まずはプロジェクトマネージャー自身が、そのイメージを描いて見せなければならない。それをきっかけにメンバーが参画し、知恵を出し合い構想力を駆使してより魅力的な到達目標を創り出していくプロセスは、最重要業務である。それはメンバーの達成意欲を高め、以後のマネジメントをやりやすくする。

《納期管理》

プロジェクト発足時に納期は一年半、来年九月末までに完了、と指示され、プロジェクトマネージャーも了解したはずなのに、四、五カ月前になると到底達成できないことが分かってくる。遅れた理由は予算不足・人材不足や思わぬトラブルを中心に、何とでも言い訳はできるので、納期延長の了解を取ろうとする。プロジェクトマネージャーの上司であるプロジェクトスポンサーは、常時マネジメントしていないため、延長申請された時点ではどうしようもない。

経営者からみれば、金や人は重要ではあっても何とかなる場合がほとんどであるが、その経営者にして何ともならないのが時間である。したがって、予算や人材よりも納期を必ず守ること、納期の設定と遵守に頭を絞りきってアイデアを出す経験・訓練はプロジェクトマネージャーにとっても、得がたいものとなる。納期を守るために予算オーバーや新規人材投入はありうる選択肢である。費用を予算内に納めるため、納期延長が簡単に許されるのであれば、その程度のプロジェクトと思った方がよい。

《予算管理》

プロジェクト予算は、当初は目標が不明確なため予算金額は何度か修正されるのが普通である。そこでプロジェクトマネージャーは、必ず守るべき予算はいつの時点のものか、慎重に把握・検討してプロジェクトスポンサーとは充分にコミュニケーションし、ギャップが出ないよう注意が大切となる。

《組織管理》

プロジェクトマネージャーが、権限なしに責任だけ丸投げされて困るという声をよく聞く。もっともな嘆きではあるが、プロジェクトマネージャーがよく考えておかなければならないのは、権限さえあれば本当によいのか、あるいは仮にそれなら権限を渡すといわれた場合、本当に喜んでいいのか、何も問題はないのかについては、よく頭を整理しておく必要がある。権限は状況を見て適切に委譲することが大切であるが、責任は基本的に委譲できない。大企業で社会から非難される事件が発生したとき、事件を起こした企業のトップが、その件については誰々に権限委譲していましたので、と言ったところで許されるはずはない。責任だけを丸投げされ、という表現もプロジェクトが失敗したとき組織内のみんなに変な目で見られる程度の責任かもしれない。

《スケジュール管理》

スケジュールの日本語訳は「予定」ではなく、英英辞典を引いてみれば分かるが、正しくは「アイテムリスト」である。プロジェクトは基幹業務と異なり、繰り返し業務ではなく、終りがある。最終目標への到達に必要なアイテム（業務項目）を漏れなくリストアップし、それを納期に合わせ順序よく実行すれば、達成できるハズとなる。そのアイテムリスト（スケジュール）を時間軸に沿って、時間的ロスのないよう並べたものがタイムスケジュールとなる。プロジェクトとは、納期付きの一回きりの仕事であるから、重要なアイテムを忘れたり思いつかなかったりすることに加え、順序を間違えると致命的な結果を生む。プロジェクトを納期どおり完遂するには、仕事の前後関係をきっちり把握し表現したタイムスケジュールがキーとなる。プロジェクトでは、複数の人間が同じ目標に向かい、協力して業務を推進するので、メンバー全員がスケジューリング（アイテムリストのタイムスケジュールを作成し、修正すること）に参画することが、プロジェクトマネジメント（ＰＭ）成功の重点項目となる。

実践知６

★業務を定常的とプロジェクト的に分け、各マネジメントの適切な実施が管理の基本★

（ＳＤＣＡ・ＰＤＣＡ・ＳＷＡＴサイクル＋ＰＭ５項目）

意思決定のしくみ

営利法人であれ非営利法人であれ、意思決定は法人にとって最重要機能である。事業計画・

予算を理事会決定すれば、その範囲内の業務執行は理事長及び常勤理事が行うことが多くなる。理事長・常勤理事による決定は、業務計画書（図14参照）を作成し、次回理事会の業務執行報告の中で説明している。

社団法人では、社会や経済の環境変化により社員拠出の資金額増減が、不安定要因であるのに対し、財団法人では同じく環境変化による基金運用収益額の増減が不安定要因である。過去には、定期預金金利が6%とか、国債金利が9%という悠々と事業を進められる時代があったが、現在は、金融の異次元緩和によるマイナス金利時代である。基金があっても、その基金がほとんど利を生まないため、保有株式による配当や親会社からの資金援助（寄付）に頼れる財団法人は別として、それが無理な法人は、すべて収益確保に四苦八苦しているのが実態である。

丸和育英会が丸和育志会に変わったとき、創設企業からの資金（寄付）援助は六年間で打ち切りという約束でスタートしたため、平成三十年度中には資金援助なしの体制を作る必要があ

図14 業務計画書

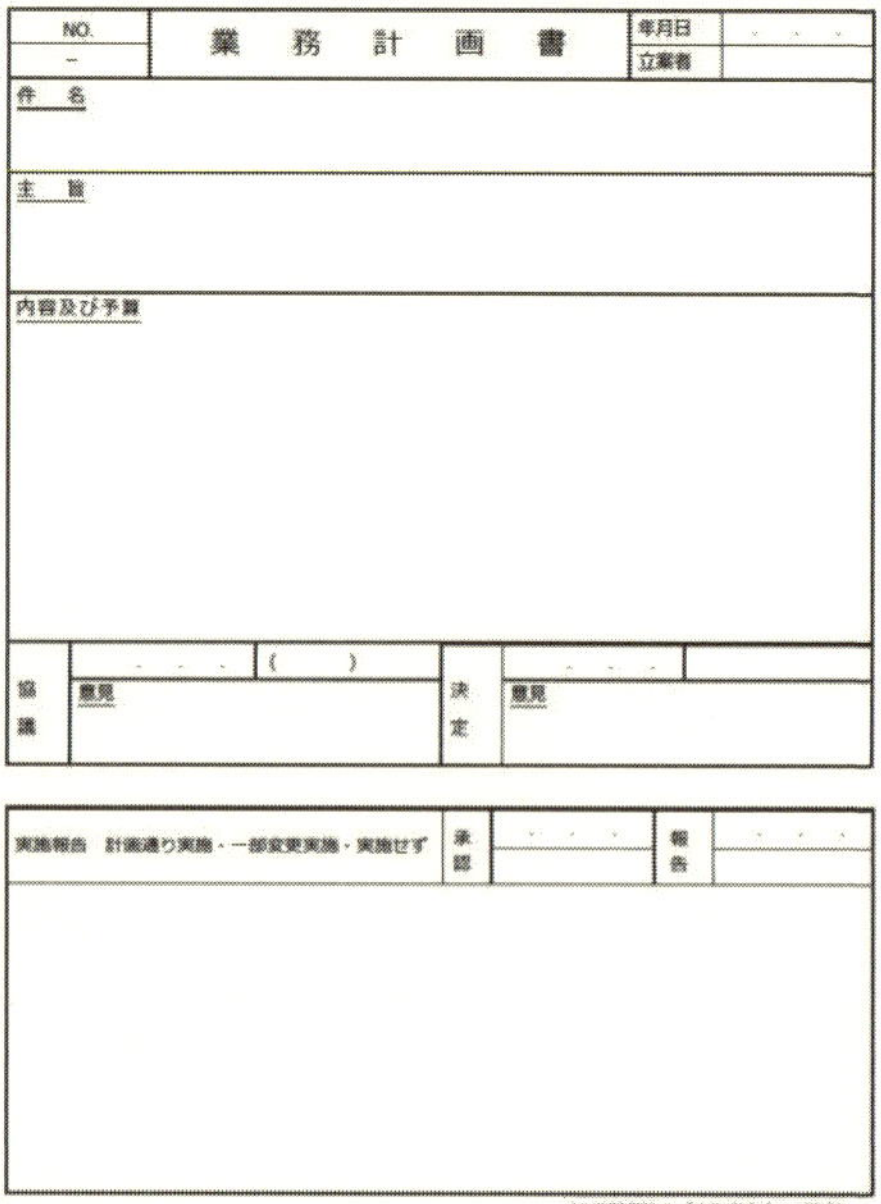

（公益財団法人「丸和育志会」：様式）

った。国債中心の資産を、安全で且つより利回りの良い資産に変更することが基本であるが、そのような都合の良い案があれば、既に大量の資金がグローバル規模で動いているはずである。一つは株式運用に期待することであろうが、あまりにリスキーで公益法人としての事業継続を考えると株式運用に手は出せない。

企業経営の意思決定は、公益法人経営の意思決定に比しはるかに難しい。競合他社の存在とリスクの大きさが主たる違いである。リスクの日本語は「危険」となっているが、豪雨洪水災害危険や地震災害危険とは異なり、人間が利を求めることの代償としての危険である。利を求めなければ、リスクは発生しないが、企業は利を求める存在であり、リスクは避けて通れない。それに対し公益法人では、利を求めず且つ公益という社会的コンセンサスが十分ある事業を推進していることから、リスクは低い。唯一、企業並みリスクがあると考えられるのが、低金利時代の基金運用による収益確保策である。

種々検討の結果、クーポン金利の低い国債を日銀がどんどん買ってくれる間に売却し、利回りの高い外債に買い替える案の採用によりこの時期を乗り切ることとした。主たる検討及び決定すべき項目は、次の七項目である。

・発行体　（倒産すれば元も子もない。消費財中心企業は業績変動が激しいので避ける）
・クーポン　（事業継続に必要な収益確保に直結しているので優先）
・単価　（市場で変動するが満期日に向かって１００に収束）
・利回り　（売却債権より高い物件が条件、クーポンを利回り以上に使えば基金は減少する

ことになるのでアモチゼーション(会計処理)について当局に説明が必要)
・償還年（現在の低金利が続くと見込めば、長期の方が安定収益確保となる。ただしバブル崩壊後は長短のイールドカーブが逆転したこともある）
・通貨（現時点ではドルが最も安定　円高リスクは取らざるを得ない）
・買替時期（国債売却単価と為替レートの見通し）
組織としての意思決定のオーソライズは、当然定款や規定に従って行うが、グローバルになった時代の金融市場の見通しなど誰にも予測できない。とはいうものの、知り得る限りの情報を入手し、財団として可能な限りの適切な意思決定に努める必要がある。注意すべきは、フィンテック時代の金融は難しいので素人が自ら手を出さず証券会社・銀行・コンサルタントなどのプロに任せるべき、というフェイクニュースに騙されないことである。損することがあっても、理事会が理解できる範囲内での自己責任というスタンスが必要であり、事業の根幹を支える収益確保行動を丸投げする経営はあり得ない。

何らかの対策が必要である状況での意思決定では、通常複数案が示されるが、その中に、何もせず現状通り案も含めておくのが賢明である。経営環境は常に変化しており何もしないことが現状維持の保証にはならないが、バブル時代には何もしなかった、あるいは諸事情から何もできなかった企業が生き残った例は多い。厳しい状況下では何らかの行動を迫られるので、威勢の良い案に肩入れしたくなる。その愚を避け、もう一度考えるための配慮である。ただし、旧日本的経営の欠陥として散々非難されてきた「議して決せず」は到底容認できない。要は、周囲の目に過剰に配慮し、右に振れて失敗すると左に振れるという我々の社会が持つ性癖を克服し、バランス感覚の重要性と経営は結果次第という原則からあえて提起した次第である。

また、立案者の心理面を考えると、立案担当者が本命をA案と考えているときには、B案をA案よりできるだけ劣った案として描きがちになる。一方、立案者の思いがまったく込められていない客観的実行計画には、説得力が全くない。仕事の成功には、様々な要素が絡むが、何といっても担当者の達成意欲の影響が大きい。大企業の場合は、すべての実行計画を一人で担当することは難しいが、企業規模が小さければ自分一人で担当する場合が多い。その時、目標達成意欲と業務遂行責任感はもっと強くなる。

実践知７

★立案者＝プレゼンテーター＝実行者とすることがもっとも効果的結果を生む★

大企業病防止？規程

法治国家日本の内閣府の検査を義務付けられている法人の業務は、すべてルールに従って行うことが求められる。多様な事業を抱えている一万もの公益法人の事業を、社会的倫理規範の逸脱なしに保証するルール（法令）作成は、どれだけ有能な官僚でも難しい。法令順守は当然であるが、法令さえ順守していればあとは自由というわけにはいかず、法令の及ばない部分は各法人自身がルールを作成し、そのルールの妥当性と順守状況を行政庁がチェックするというしくみがとられている。

一方、政府や自治体は言うに及ばず、日本の営利法人、特に大企業では組織内に大企業病と言われる悪しき官僚主義が浸透し、自由闊達な組織風土の喪失と企業の競争力低下を生み出している。大企業病は大企業だけの特殊な病気ではなく、一定規模以上の組織には必ず病原菌が棲みついていると言っても過言ではない。そのうち、ルールに関するものは次の三つの行動に集約される。

一、ルール作成者が業務遂行現場をよく確認せずにルールを作成する
（ルール作成者は業務遂行者ではない場合が多く当事者意識が欠如）
二、業務遂行上おかしなルールが見つかってもルールは修正されない
（ルール改訂には大きなエネルギーが必要なので面倒でやりたくない）
三、ルール違反で責任追及されることは避けたいので、おかしなルールでも順守する
（仕事の目的・成果よりもルール違反かどうかを重視する）


この行動を繰り返していれば、どの組織も立派な大企業病に罹ってしまうのは、当然である。カッコ書きは、規程とルールに対する組織内の取り組み方、カルチャーを表している。

先に、完璧な法令作成はどれだけ有能な官僚でも難しいと述べたが、組織内ルール作りも、行政庁ほどではなくとも決してやさしい仕事ではない。利害が競合する企業内各部門の存在、社内規程としての整合性の確保、社員の行動結果責任等までを考慮すれば、難しい仕事となる。ただし法令と異なり、法人内規程は外部調整なしにいつでも修正可能である。ルールの順守は、

図15　諸規程管理規程

（目 的）
第１条 この規程は、公益財団法人丸和育志会（以下、当財団という）の定款及び、規程・規則、マニュアル（以下、規程＋規則を規程等、規程等＋マニュアルを諸規程、という）に共通する基本的考え方、用語の定義等を定めることにより、当財団活動の効果・効率の向上及び、定款、公益法人関連法規との整合性を図ることを目的とする。

（基本的考え）
第２条 諸規程とは、それを定める目的とその目的達成のために関係者が順守すべきルールを表現したものである。ルールに基づく合理的運営の実現には、過度の前例主義・形式主義に陥ることなく、環境変化に適応して常に諸規程を見直し、分かり易い表現（言語・図・表・映像・音声等の活用）による関係者全員の理解をベースに、前条の目的達成を目指す。これら活動の繰り返しと組織内への徹底により、諸規程遵守風土のもと、ルールに基づく合理的運営に努める。

（ルール体系と用語の定義）
第３条 諸規程を「事業関連規程」、「組織関連規程」、「人事関連規程」、「財務経理関連規程」「渉外関連規程」の５グループに大きく分け、規程等ーマニュアルの２階層構造のもとで管理する。

法律 ⇒ 定款 ⇒ 規程グループ ⇒ 〔規程等 ⇒ マニュアル〕

・規程等；業務目的達成に必要な業務手続等、財団内関係者が順守すべきルールを体系的にまとめたもの。

・マニュアル；規程等をブレークダウンしたもので、実際の業務運営に必要となる具体的詳細なルール。

冗長且つ膨大なルールは、合理的運営及び諸規程の確実な維持・更新を困難にするため、「必要十分なルール化」を原則とする。

（必須項目と章立て）
第４条 規程等には（目的）（改廃権限）（施行年月日）を明記する。規程等の各項目は順に「数字＋条」で表現し、条項が多すぎる場合は、分かり易くするためにグルーピングして「章」立てを行う。各条の初めに、その条のタイトルを括弧書きで表す。

（知識のまとめと徹底）
第５条 ルールに基づく合理的運営の実現には、法令・諸規程のベースにある知識をまとめ、関係者に教育することが必要となる。それら知識の文書化と教育に努める。

（改 廃）
第６条 この規程の改廃は、理事会または評議員会の決議を経て行う。マニュアルの作成・改廃は理事長権限で行うものとする。

最終的には外部に提供する成果物の質とプロセス効率の保証を目的としていること、経営環境変化が激しい中で長期に亘る完璧なルールはあり得ないこと、をしっかりと抑え、「実」中心のカルチャーがあれば、企業の組織内規程整備は難しい仕事ではない。すなわち、

一、できる限り現場の参画のもとでルールを作成する

二、面倒であろうがなかろうが、おかしなルールは即修正する

三、仕事の目的を阻害する（おかしな）ルールの順守を防ぐしくみを作る

ところが手段であるルールが目的化し、さらにルールの前提にある目的を忘れ、安易なルール違反指摘と責任追及の群集心理が悪しき官僚主義を定着させる。それを防止し、活性化された組織維持のため、ルールに関する基本スタンスを述べたものが、規程を規定する諸規程管理規程（図15参照）である。第2条には、過度の前例主義や形式主義を諫め、難解な表現を防ぐことにより、オープンな経営実現を謳っている。さらに規程作成にあたっては、膨大なルールに振り回されることのないよう規程の数は三十を超えないこと、規程運用が記憶力に頼ることのないよう規程を事業・組織・人事・財務経理・渉外の五つと総括を合わせた六ジャンルに分け、一つ一つの規程はできる限り簡潔に短く表現すること、あちこちの規程で同じ表現を繰り返さないことを基本方針とし、二十六規程（第2章の図25参照）を作成した。諸規程管理規程とはルールに関する基本規程であり、ビジョンに向かって組織メンバーが自主的に行動しようとする意欲を、目的の不明確な細部のルールが阻害することを防ぐものである。理念やビジョンとともに、何か意見の違いが表面化したとき、原点に返って考える一種の憲法のような役割を

果たすものと言える。

経済躍進の著しい中国では、李克強首相が強く主張するスローガン「先賞試、後管制」の影響が大きいという。「分からないことはまずやってみよう、マズイ点がはっきりすれば後から法律等でコントロールするから」という意味だそうである（多摩大学沈才彬フェロー）。

それに比し日本では、まず平等と思われるルールの土俵をつくる。土俵ができないうちは、何もできない。実際に仕事を始めると、事前に考えた前提とは異なる想定外状況が発生するので訂正するのは当たり前なのに、その修正には信じられないほど大きなエネルギーが必要となる。公益法人制度でも、問題点が指摘されてから実際に改革するのに驚くほど長い時間を要した。

どれだけ重要なルールや法律でも、時代の流れや環境変化に適応して修正しなければ、絶滅したマンモスとなってしまう。ようやく修正したとしても、それだけエネルギーをかけた修正ルールの修正に取り組む人はもはやいないので、結局、ルールは簡単に変えてはいけないというルールが刷り込まれ、ダイナミズムを失った社会が生まれる。

中国の自転車シェアビジネスが瞬く間に千億円を超えるのを見せられると、日本の動きの鈍さでは、米中との差は大きく広がるばかりである。何事にも長所短所はあるが、ルール改正を必要以上に重要案件とみなす思考癖を克服し、よりよいルールを求めるカルチャーを育てなければならない。

実践知8

★「ルール基本規程（規程管理規程）」は大企業病の防止に有効★

スケジュール管理

昔の手帳に代わって、現在では便利なスケジュール管理アプリが出回っている。スケジュールの意味は予定ではなく、既述したようにアイテムリストである。図16に示すソーシャルビジネス支援事業の年間スケジュールを例に取れば、例えば、最終審査選考会の年月日時間をスケジュール管理アプリにインプットすることになる。そうすれば、選考会を忘れることはないが、図16のスケジュール表は別にファイルし、必要な時に取り出さなければならない。さらに当日の注意事項として外部審査委員の出席人数が不足すれば審査会が成立しないため、二、三週間前にはリマインダー送信が必要である。これらの情報は前年の経験から、あるいは今年、または今、思い付いたりするので審査会をタッチすれば出てくる画面に

図16 2018（平成30）年度優秀プロジェクト日程

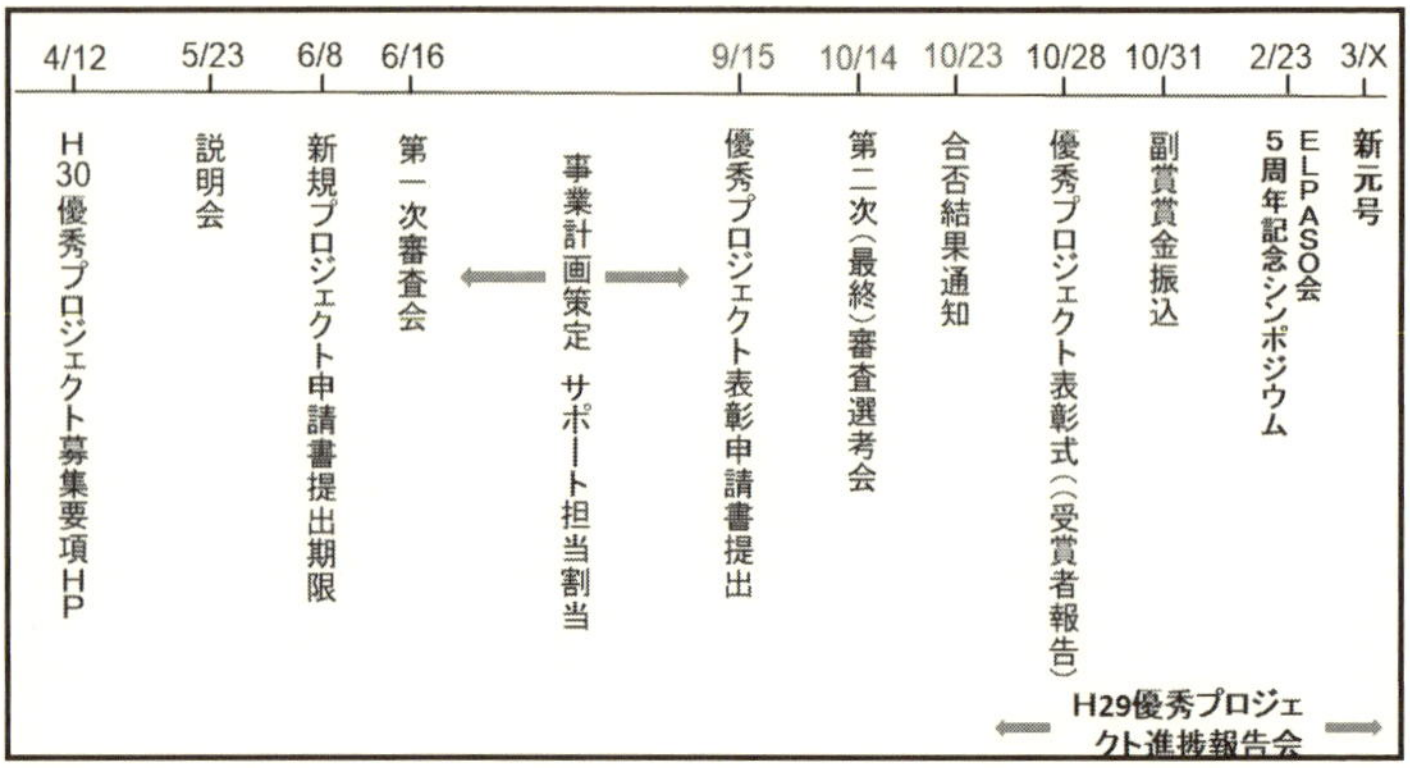

その都度インプットしたい。また、図16の上位スケジュール表は当然、奨学金給付事業と財団法人の管理業務（債券売買、役員の任期管理等々）を含めた丸和育志会全体年間スケジュール表となる。

以上を要すれば、現在普及しているスケジュール管理アプリにインプットした「一つの年月日時間アイテム」から上位スケジュール表、そのまた上位のスケジュール表の検索と、それぞれからのブレークダウンもでき、審査会アイテムをブレークダウンすれば、そこにリマインダー送信の情報がアウトプットされる、それが「スケジュールとその管理」の全体図である。現在の市販アプリと手作業の組合せを代替してくれるアプリが開発され、それをすべての関係者が使いこなせば、今日の仕事、今週の仕事、今月の仕事が全員共有できることになり、組織のスケジュール管理業務の質は、飛躍的に向上する。ビジネスには、お金も人も重要であるが時間だけは代替案がないので、ロスをなくしたい。仕事の時間フェーズを合わせ、時間ロスをなくし、社員の行動を効率化させるのがスケジュール管理である。

実践知９

★スケジュール管理は組織人の仕事の基礎→便利なアプリを組織全体で活用しよう★

人事管理

公益法人経営で、企業経営に比しもっとも難しい問題が人材確保であることを強調するため、

「人事管理」というやや不適切な（内容を表さない）項目名を採用した。特に、資金が潤沢でない法人では、世間から見て不十分な報酬で人材を確保しなければならない。仕事は社会に貢献する公益目的事業関連業務ではあるが、法律を理解し立入検査を含む行政庁の問い合わせに対処し、何よりも諸規程に従って確実に業務を推進する能力が求められる。さらに出来上がったシステムに則って、粛々と業務を進める状況で雇用する場合はともかく、そのシステムを作り上げていく時期の仕事は簡単ではない。その上、人数が少ない組織であるため、単に与えられた仕事にだけ責任を持つのでは不十分で、常に公益法人経営目線からの気づきを理事長や専務理事に報告することも要求される。そのような仕事を、低い報酬で引き受けてくれる人がいるはずがない。

親企業が設立した公益法人の場合は、資金以外に法人運営に必要な知識を持った要員まで、出向といった形で適切な人材供給を支援してくれる。ところが既述したように、本法人は、内閣府からの移行認定以降六年間の寄付金以外は支援なし、の約束でスタートした公益財団である。そうなれば、期待する人材は、やはりボランティア精神旺盛な人となるが、このような責任ある仕事を無償が原則のボランティアに期待していいのであろうか。

また無償でなくとも、仮に世間の四分の一の報酬の場合は、本人も最初は仕事のやりがいから納得していても、心の中にこれだけしかもらってないのだから今日の会議は自分の個人的都合を優先し休ませてもらおう、という気持ちが出てきても不思議ではない。仕事に対する責任感が希薄になる瞬間であると同時に、報酬アップしたとしてもアップした分に見合う分だけ働こう、と考えてしまう。そのいわゆるサラリーマン的考えからは、公益目的事業をやりぬこうというエネルギーは見いだせない。人によって異なるため一概には言えないが、本人の仕事に対する思いと期待される責任に見合う報酬の妥当な（最低限の）金額があるはずであり、そのコンセンサスのもとで契約できれば組織にとっても最善の選択となる。

当財団の場合は結果としては、幸い適切な人材を確保でき、法人業務は前向き活動を進めることができたが、社会貢献を重要テーマとする公益法人がボランティアコンセプトをいい加減なままにしていては、本来の事業活動は難しい。そのため、ボランティアについては、第３章４項で再度検討する。

以上のボランティアと全く逆の例が、プロフェッショナルである。超複雑社会では、どのような問題も、簡単ではない。その問題の背景にある専門的知識が深くなければ、解決策どころか問題を理解すること自体が難しい。専門家の定義は、素人が理解できない難しいことを分かりやすく説明してくれる人、とするのがよい。プロフェッショナルは、それに加えて、その専門的知識を背景にしてサービスを有料で提供する人である。専門家の責任（感）はお金の裏付けがある方がよい。現代特有の難解なフィンテックに関連して政治的、経済的大事件が発生するたびに、エコノミストなる人がＴＶに登場するが、発言内容は有価証券の売買や買替にはほとんど役立たないまったく常識的なものばかりである。未来を常に正しく読めるのは神のみであるが、経済の専門家として稼ぐのであれば、当たる確率の高い人の報酬は高く、低い人の報酬は低くすべきである。売買手数料で稼ぐ日本の証券売買習慣は、速やかに改革する必要がある。専門家については第3章3項でさらに述べる。

実践知10 ★本人が了承しても責任ある継続的業務をボランティアに委ねてはいけない★

実践知11 ★プロの仕事は仕事の成果が報酬と連動している方が責任（感）はより明確になる★

運用上の重点項目

ルールは問題があれば即修正、が健全な組織の前提と述べた。よく考えたつもりの規程でも気づかない点があり、常によりよいルールに修正する行動が大切である。実際、評議員会運営規則に「毎事業年度開始前に理事会承認済みの次年度事業計画について、その内容説明を主たる目的とする臨時評議員会を開催する」とあった。何も決議事項がないにもかかわらず、報告のためだけに多忙な評議員全員に集まっていただく必要はなく、資料送信・郵送や電話会議等でその目的は、十分達成できるので削除した。削除はもちろん、評議員会運営規則に則り、評議員会で決議した。図15諸規程管理規程のなかの「諸規程を常に見直し、」の文言に従い、修正削除した次第である。

マネージャー自身がリーダーシップをとってＳＤＣＡサイクルを着実に回せば、常によりよいルールへの改善意欲を持つ組織風土ができ、多くの問題は確実に解決できる。ただし、注意すべきはトラブル発生時である。発生したトラブルが大きければ大きいほど、周囲からの非難の目は鋭くなるので、謝罪と当面の対策に追われる。当面の対策で一番簡単なのが、ルールの追加である。今までのルールがシンプルな場合はいいが、膨大なルールの順守にストレスを感じている現場にとっては、更に複雑化したルール群に囲まれ、よりトラブル発生確率を上げる場合が多い。ルールの追加が現場にどのような影響を与えるかを、総合的に考察し、現場の納得が得られる場合以外、現状変更は危険な場合が多い。周囲の非難を納めるために追加するのであれば、組織内には暫定措置と明示すべきである。

その観点から、福島原発事故に関連し、当時の所長が本社の指示に従わず、海水注入を続けた行為に対する東京電力トップの口頭注意処分は、気になる一件である。海水注入は正しい行為だったのか、間違った行為なのかも部外者にはよく分からない。仮に正しい行為ではあったが、本社の指示に従わなかったことは口頭注意処分に値するというのであれば、ルール順守風土形成からは、難しい問題を東京電力の管理職に課することになる。実際、彼らはそれを今後の行動指針としてどう受け止めたのであろうか。各作業員が自分の信念に従って行動することを推奨することは到底できない。凡人としては、そのような究極の立場に自分が身を置くことがないよう願うしかないが、それに遭遇し対峙したのが吉田所長であった。この手の正解はないが社会的に重要な問題は、事業者（トップマネジメント・管理職）、政府（首相・大臣・官僚）や国民がそれぞれの役割を含め議論することにこそ意味があるのに、このまま大事故が再発するまで塩漬けにするのであれば、それこそ企業の社会的責任（ＣＳＲ）が問われることになる。

図15の諸規程管理規程に「冗長且つ膨大なルールは、合理的運営及び諸規程の確実な維持・更新を困難にするため、「必要十分なルール化」を原則とする」と記述したのは、周囲の非難をかわすために安易なルール追加を防ぐ意味も含めている。問題発生の都度、応急処理的ルール改正を行うよりも、問題発生前の見直し、例えば毎年十二月をルール見直し月間とするのが、地道で有効な活動である。

実践知12

★おかしなルールは即修正に関係者が納得したときルール順守風土が生まれる★

3　情報システムについて（実践知13〜17）

内閣府のＨＰには、今後目指すべき社会をソサエティ５・０と名付け、サイバー空間（仮想空間）とフィジカル空間（現実空間）を高度に融合させたシステムにより、経済発展と社会的課題の解決を両立する人間中心の社会（Society）と説明している。そんな簡単に理想社会が生まれるのかと疑問を呈したくもなるが、人間が情報を処理し行動する存在であることは、人類発生以来変わりがない。公益法人経営の経験をもとに、今後の企業経営への活用からみた情報システムについて考察する。

体系検索の重要性

公益法人は、三年に一度、内閣府による立ち入り検査を受ける義務がある。法令・定款・内規に従い、公益目的事業を効果・効率的に実施、評議員会・理事会の運営、議事録作成をルール通り実施、認定法五条十八基準に適合していることの明確な説明を、きっちり整理された書類によって行うことになる。そのファイリングシステムを図17及び図18に示す。

図17 丸和育志会共有情報ファイリング体系
縦軸は第1分類、横軸は第2分類

		0	1	2	3	4	5	6	7	8	9
0	総括	総括	理念・定款	組織ﾙｰﾙﾌｫｰﾏｯﾄ	人事	経理・会計	契約書	情報ｼｽﾃﾑ		渉外・学会	その他
1	公1事業:奨学生	総括	中期/H29計画	指定大学・大学院	募集要項・申請	審査・選考・授与式	状況報告ﾌｫﾛｰｱｯﾌﾟ	同窓会		渉外・学会	その他
2	公2事業:ﾌﾟﾛｼﾞｪｸﾄ	総括	中期/H29計画	経営研究会	募集要項・申請	審査・選考・授与式	状況報告ﾌｫﾛｰｱｯﾌﾟ	同窓会		渉外・学会	その他
3	収益確保活動	総括	中期/H29計画	共同活動	依頼要領	候補団体・個人	寄付団体個人			渉外	その他
4	内部管理:今年度	総括	中期/H29計画	事業・管理活動実績	広報・HP	金融&社会変化	リスク管理			渉外	その他
5											
6	内閣府等官庁	総括	定期提出資料	立入検査							その他
7											
8	継続記録(年度別)	総括	法規・定款・規程	評議員会議事録	理事会議事録	決算書類	公1事業	公2事業		認定以前	その他
9	その他	総括									その他

ファイリングの原則;
＊PDCAサイクルを回すための資料＝オーソライズされたまとまったLIVE資料だけを入れる
＊過去の資料は８:継続記録 に原則年度別に整理する
＊検討中資料は上記と同じファイリング体系の個人ファイルで管理
＊　0〔総括〕;1～9のまとめ資料
＊　9〔その他〕;どこにも入らないものを入れておく⇒資料が溜まれば分類再検討

図18 丸和育志会共有情報ファイリング体系
縦軸は第1分類、横軸は第2分類

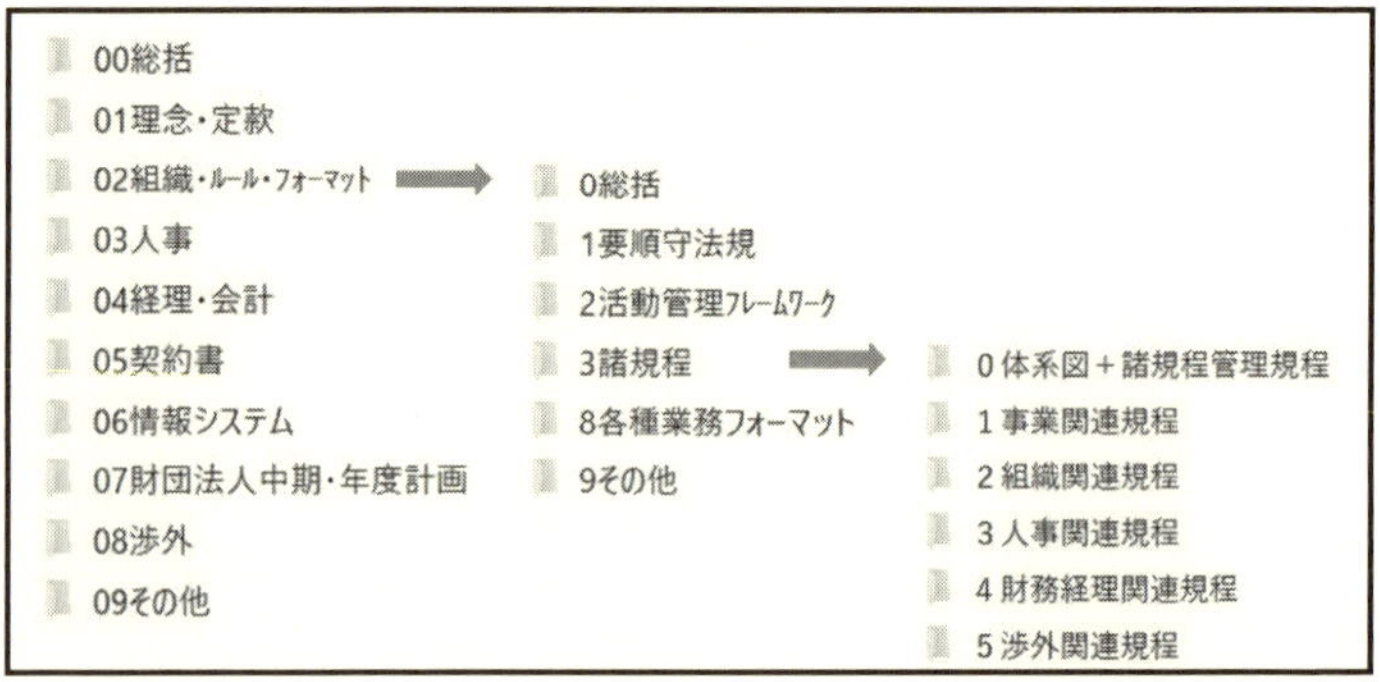

ファイリング体系は数階層の構造を持つが、それをマイクロソフトエクスプローラで表せば膨大になるため、まずファイリング体系の全体が分かるように、二段階までを二次元表示したものが図17である。縦軸が第一分類、横軸が第二分類である。第二分類の「組織・ルール・フォーマット」項目の第三分類以下を、エクスプローラ表示したものが図18である。その中の「諸規程」項目は、既述したように六ジャンルに分けられ、その総括フォルダーの中に諸規程管理規程はファイルされている。図18からは、第二分類の各項目以下がバラバラにならないよう、ある程度全体としての一貫性を持たせていることが分かっていただけると思う。すなわちすべて０～９の十分類とし、０総括は１～９の情報のまとめ資料の保管場所、９その他は既存体系では分類できない書類の保管場所とした。９その他書類が膨大になれば、分類方法の変更を求められる状況に至ったと判断し、やり直しの検討をすることになる。

以上は運用が軌道に乗るまでに随分苦労したとはいうものの、書類を分類して、入れやすく、検索しやすいファイリングシステムを作ったというだけのことである。一方、現代の情報システムの基本は一番元の資料もコンピュータで作成しているので、あらゆる書類をインプットし、それを言語中心の様々な検索方法を駆使してランダム検索している。

毎年八月終戦記念日が近づくと、アメリカの国立公文書館で戦争中の貴重な文書が発見されたというニュースが流される。タイプライターで打った書類とは言え、コンピュータに入力されていないため膨大な検索作業が必要で、毎年僅かな発見しか得られない。また、書籍のネット販売会社の倉庫では、今や書籍の入庫時に分類せずに入荷順に保管していると聞く。書籍一冊毎の情報が記録されていれば、それを元に集荷ロボットが動けば、分類は不要となる。

この流れの先にあるのが、ＩＯＴ技術によりあらゆる情報がインターネットを通じて検索可能となれば、社会は大きく変革され、ソサエティ５・０も実現する、というものであろう。

以上、昔と違って今は便利になったわけであるが、それを喜んでいるばかりでなく、その情報システムがもたらす思考能力の低下とその防止方法が、ここで強調したいことである。図17の第一分類の三番目の収益確保活動を例にあげると、一応10個の第二分類フォルダーがあり、フォルダー名もある。ところがこのフォルダーすべてには、何の資料も入っていない。丸和育志会では平成三十年で大口寄付金の受領が終了し、国債と外債の切替えまでは手を打ったものの、必要な支出を確保する収益確保策がまだ十分にはまとまっていない。他の仕事にかまけて検討する時間がなく、アイデア・構想ともに不足している。ただし、この項目と資料が空っぽのフォルダーを見るたびに、やらなければならない仕事としてのプレッシャーが迫ってくるというわけである。

この問題意識はどこから出たかといえば、法人の中期計画検討過程で出てきたものである。データや情報を大量にインプットしておけば、コンピュータが教えてくれるわけではない。ＡＩの進歩によっては、いくつかの要検討課題がアウトプットされる可能性は高いが、所詮人間が選択・決定すべき項目である。複雑な対象は、デカルトの言う通り、まず分けなければ、理解することはできない。対象を分けて分類し、演繹的・帰納的に考え仮説を設定してその検証に努力することを怠る人間が増えれば、ソサエティ5・0とは、コンピュータが人間に指示する、またはごく少数の人間がコンピュータを駆使して大量の奴隷人間に命令する社会となるかもしれない。

ＩＯＴの膨大ファイルの前で、どんな情報が欲しいですかと問われ、自分がどんな情報が欲しいかを知りたい、などと間抜けな返答をすることのないよう、体系を作り（デカルトは分析を強調したが、総合する方法は教えてくれなかった）、体系から情報を検索する努力によって鍛えた頭脳が、便利なランダムインプット、ランダム検索システムを活用して、今迄できなかった新たな仕事の世界を切り開くことこそ、ソサエティ５・０と呼ぶにふさわしい。

実践知13
★情報・知識の体系化を諦めすべてをランダムアクセスに委ねると創造力は枯渇する★

ＬＩＶＥ情報と過去情報

図17の注釈の一行目に、このファイリングシステムにはＬＩＶＥ情報、すなわち今生きている情報だけを入れると明記した。実際は過去情報を無視し廃棄するわけではなく、過去情報の保管場所は一か所に限定し、それ以外はすべて実際の行動に影響するものだけに限るという意味である。

具体的には、例えば契約書フォルダーに過去から現在まで、すべての契約書を入れると、間違いのもとになる。また今年の事業計画は、確認のためや来年の事業計画立案のため何回も読む必要があるが、昨年の事業計画を引っ張り出すことは、年に一度あるかないかである。その上、今年の事業計画と思い込んで昨年の事業計画の情報を転用するリスクもある。法令では備え置き資料としての過去資料を指定しており、それはきっちりファイルされている。資料の完璧な整理との思い込みが先立つと資料中心分類となり、資料活用が後ろに追いやられる。資料活用の中で資料整理レベルは向上するという当たり前のことを肝に銘じておきたい。

情報は入れやすく出しやすければそれ以上の要件無しではなく、今後のアクションに意味あるもの中心に整理された情報を、前項の体系検索のプロセスを繰り返すことによって、常に前向きに脳を活性化する組織風土の形成がその狙いである。

実践知14

★記録だけでなく検索時の発想や気づきに役立つよう配慮した情報整理が大切★

情報の共有化

組織の効果的効率的運営には、メンバー間での情報の共有化は必須条件となる。特にチーム組織では、情報を共有化し、それぞれの立場から組織として今、やらなければならないことに気付いた者が、相互連絡のもと自主的に行動することが組織力そのものとなる。一人ひとりの意欲・行動力とチームワークが組織力の要、というより、組織力そのものであることを、共有化された情報の処理を通じて実感する。大企業のメンバーでは味わえない、中小企業の魅力の原点でもある。

当法人では、理事・監事・事務局員全員に図17・図18の情報を、グーグルドライブで共有化している。公益法人の組織目的は、不特定多数の利益を図る公益目的事業の推進であり、競合企業との競争に日々明け暮れているわけではない。そのため、情報は本来オープンであり、特定情報を除けば隠す必要はない。つまり情報は、原則オープン、個人情報やごく一部の情報だけがクローズドである。それに対して、政府・自治体・企業等ほとんどの組織では、原則クローズド、特定情報だけがオープンとなっている。

一時、東京都知事が「のり弁」と呼んでメディアを賑わせた東京都の情報公開でも、報道量が増え知事が交代すると、のりの部分が剥がされていく、こういう映像を見せられると、クローズドにしていた本当の理由は一体何だったのかと考えてしまう。企業でも各部門では情報を原則、有形無形のクローズド状態にしているが、企業内では原則オープンにすべきものがかなりあるのではないだろうか。そのことが生み出すロスも多分、企業として無視できない規模になっているに違いない。

実践知15

★「非難される、恥ずかしい」を隠さずオープンにすれば人間も組織も成長する★

プッシュ情報とプル情報

毎月開催の経営研究会は、開催日時が決まっていない。当初は月末日曜日午後としていたが、週日の仕事が終わってからの方が参加しやすいという意見が多数を占めたため、変更した。それも最終木曜日とかであれば分かりやすいが、中には毎週木曜日だけはダメという人もいるので、現在は、毎月下旬の週日午後六時半からとして、決まればメールで連絡している。参加者のためには、早く開催情報を流すべきであるが、講師の都合と講演内容の了解が直前になる場合もあり、遅れがちとなる。

過去の研究会内容を知りたい人がこのＨＰ内を探す場合は、知りたい人が知りたい情報を求めるので、それはプル情報検索となる。先ほどの事例では、最終決定した開催要領情報は、ＨＰにも当然記載はするが、ＨＰにちゃんと載せているので見なかった方が悪い、とは言えない。なぜなら、このＨＰがフレッシュな情報を常に更新し、毎日見る利を会員に提供し、見ないと機会損失を起こすようなＨＰにはまだ育っていないからである。

一方、こちらから知らせなければまず伝わらない情報がプッシュ情報である。ただしメールは送信したのに、受信側がメールをたまにしか見ないので出席出来なかったというクレームがあっても、メールを毎日見るというのは現代日本の社会常識になっているので、それには対応しない。

今年は台風の当たり年で、特に十月初旬の24号台風の強風は、多くの倒木を発生させた。ある関東の名門ゴルフ場は倒木のため、翌日をクローズとしたが、それを知らずに二時間近くかけて予約通り到着したプレイヤーは、当然不満を訴える。ゴルフ場側は、台風被害のため臨時クローズ情報をＨＰには載せたが、プッシュ情報であるべき情報をプル情報とみなしたミス、あるいはその意識の欠如がもたらした名門の信用ダウントラブルである。ソサエティ５・０とまでいわなくても、ソサエティ４・０（情報化社会）で仕事をするには、情報をプッシュ情報とプル情報に区別して、臨機応変に扱うセンスが求められる。

実践知16
★ＩＴがどれだけ進歩しても情報リテラシーの基本は相手をよく知ること★

ＩＴ技術進歩と経営

十八世紀の第一次産業革命以降、第二次、第三次、第四次を経てきた社会が、再び大きな技術革新の嵐を前に、不安が広がっている。生命科学とＩＴの二大技術を中心とする今回のイノベーションは、従来とは根本的に違うのではないかが不安の原因である。

なかでも、ＡＩ、ＩＯＴ、ロボット等の社会の隅々までの浸透は、人間の労働が実際に不要になる姿を初めて具体的に示したといえる。ロボットの修理だけは人間がやるにしても、修理マニュアルに従い、パーツ交換やボルトの締め直しといった作業指示をするのは、ロボットの画面で行うことになる。それもいずれは自動化、すなわちロボットの修理はロボット自身でやるか、それとも仲間のロボットが修理してやることになるのは確実である。

ＡＩがビッグデータを駆使し確率の高い結論を次々と提示しても、結論に至るロジックを明示できず、ブラックボックスがその弱点と言われてきた。ところが最近は、アカウンタブルＡＩという言葉が生まれている。ディープラーニングによってまず結論を出し、その根拠となるロジックを、過去もっとも説得力あるとみなされるものをロジックファイルから探し出すものであろう。ロジックで結論を導くのではなく、結論が先にありきで、その正当化論理を検索するのである。一見、邪道のように思えるが、民事裁判などでは日常茶飯事である。どんな訴訟案件でも有能な弁護士を雇った方が圧倒的に有利になる。その弁護士が相手側に雇われると、結論が逆転することも多い。

国際的な政治問題や外交問題におけるロビー活動などは同じ類の話であるが、我々日本人にはなかなか受け入れがたい事実である。この文化的ギャップの根源には、ものごとは必ず正しいか正しくないかのどちらかという自然科学における真理に対する絶対的信仰からくる、強い思い込みがある。グローバルな世界で活躍しようとする人には、頭の切り替えが必要である。

ＩＴ技術進歩の経営への影響の全体像は、まだ誰にも明確には見えない。ただし変化の大きいことだけは疑いがない。特に大企業の経営は、図体が大きいことからかなり重荷になることが予想される。今から常に準備しておくべきは、トップから一般社員までが、多面的で柔軟な思考力を鍛えておくこと、内向き志向にならず、具体的な問題一つ一つに真剣に対峙し、社会を前向きに考え、外向きに行動する仲間を増やしておくことと思われる。

実践知17

★未来が「少数の人間が多数に権力を振るう時代」になるのなら過去にも見慣れた景色★

4　リスク管理について（実践知18～23）

買った宝くじが全部外れたからといって深く悩む人はいない。想定内の結果だからである。福島第一原発事故は想定外の事故で、その原因は、想定外の津波の高さにあるという。平成三十年に頻発した台風、豪雨、洪水、地震、地崩れの自然災害は、いずれも想定内なのか想定外なのか。また、スポーツ団体の相次ぐ不祥事や大学不正入試などは、隠していたことがばれてしまっただけなのか、少なくともトップにとっては思いもよらないことが起こったのか、いずれにしても超複雑化社会のなかで我々の思考、カルチャーの変革が必要なことだけは確かである。

ＳＷＡＴサイクル

公益法人経営上のリスク管理については、長年の民間企業経験もあり、一定のガードはできていたと思い込んでいたところ、職員が不審メールを開けてしまい、ＰＣがウイルス感染して振込作業が行えなくなったことがあった。ＰＣ内データを混乱させることが目的のウイルスで、現金には何の影響もなかったことと、データはバックアップ済みであったため、事なきを得たものの一瞬顔が青ざめた。すぐに大手銀行のＩＣカード付ビジネスシステムへの変更と、振込承認の内部管理レベルを厳しく変更するとともに、今回のトラブル発生の原因や背景、さらには他にどんなリスクがあるかについて、チェックしてみた。

原因は挙げればいろいろ考えられるが、何といっても内部管理体制構築を中心になって推進していた私自身が、そのようなリスクが発生するとは全く想定していなかったことが大きい。思わぬ事故を、思って（想定して）いなかったために事故が起こったのである。何も想定していなかったわけではなく、過去の自分の経験からの想定以外の状態が発生したのである。振込業務の実態を把握せず職員に任せてしまったことが挙げられる。これは後の、５「トップマネジメント」項目にも影響する反省点であった。

公益法人では、組織内のほとんどの情報は隠す必要のないものである。情報が盗まれるだけなら実害はなく、盗んだ方も大したメリットはない。例外は、奨学生や会員、役員等の個人情報であり、個人情報保護に関しては、通常のセキュリティ対策を施している。事業内容や事業に費やした費用関連、資産の内訳もほとんど公開しており、個人情報以外には情報セキュリティが重大リスクにならないことが公益法人の特徴といえる。しかし一般的な情報だけでなく、仮想通貨で発生しているような現金の盗難にまで犯罪的ウイルス攻撃の範囲を広げられると、資金保全も実際の対応は難しい。

公益財団法人にとっての一番のリスク管理対象は、基金保全と収益確保である。過去の定期預金のような安定運用資産がなくなった現在の金融事情からは、リスクの高い株式は避けたとしても、為替レートリスクや債券の発行体倒産リスクから逃れることはできない。奨学金については他の奨学財団同様、入学から卒業までを給付期間としてきた。奨学生にとっては卒業前に奨学金給付を打ち切られることが最大のリスクである。財団としては、それは何としても避けなければならず、その場合は基本財産・特定資産を取り崩してでも給付を続けると、BCP(Business-Continuity-Plan)には記載せざるを得ない。

そこで継続して奨学金を受け取る学生の場合でも、毎年審査方式に変更した。奨学生の方も、一旦合格すれば卒業までのうのうとして学生生活を送ることなく、緊張感を持ち続けるメリットがある。財団側にとってはリスクが減るとはいえ、年度毎の収益額によって安易に奨学生人数を増減するつもりはない。財団の存在意義は、公益目的事業をできる限り長く継続することにあり、収益によって事業を拡大したり収縮したりして基金を保全することが目的でないことは、理事会で何度も確認済みである。

リスク管理のプロセスは、第一ステップとして、リスクの特定・分析・評価というリスクアセスメントを、第二ステップとしてリスクの受容・提言というリスクコントロール、そして最後にリスクレビューを定常的に行う等が、ごく一般的説明としてものの本にある。が、発生確率の計算等、実践的観点からは少しまどろっこしい。そこでもう少し実践的というか、本来の実務的アプローチを示したのが、図19のSWATサイクルである。

このサイクルの前提にあるのは、

一、人間はどれだけ注意してもあるときミスをする（ただしミスをしやすい人とミスをし難い人、ミスをしやすい状態とミスをし難い状態がある）、また機械設備でも信頼度一〇〇％のマシンはない。そのため、それを構成要素とするシステムのトラブル発生は避けられない。

二、トラブル毎の深刻度と発生確率の差は大きい。両者を掛け算して対策を取ることは実務上（日本人の価値観からは）適切とは思えない。

三、深刻度の低いトラブルは現場の改善項目とし、深刻度の高いトラブルに対する考え方、対応策を組織的に明確にしておくことがもっとも効果的である。

最初のステップのリスクの特定とは、リスク管理で言われる identification ではなく、specifying とした。様々なリスクを認識するよりも、深刻度の高い特定のリスクについて考えるという緊張感を組織に持たせることと、specification という名詞より動名詞の方が行動を要求するニュアンスがあることが狙いである。

リスクを特定し対策を考えるとしても、絶対大丈夫などという案は、コスト膨大で採用できない場合がほとんどであり、どこかで諦めることになる。Last Action とは、事故防止のために打った最後の対策という意味である。

図19　未然防止SWATサイクル

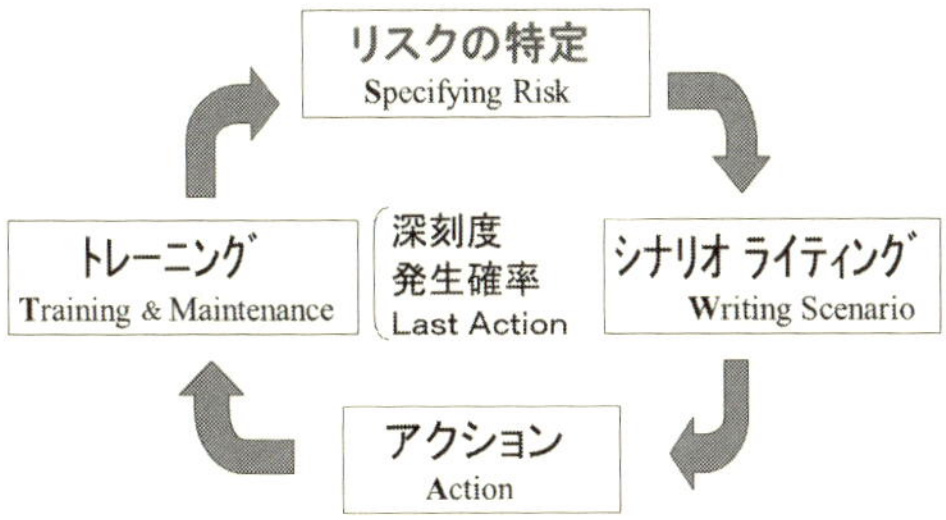

福島原発津波対策のLast Actionは、高さ7ｍの津波防波堤である。原発関係者はこれ以上の津波防止対策は企業として諦めたという認識を共有化し、それ以上の津波に襲われたときの対応策はみんなでさらに知恵を出し考えてほしい、というべきであった。

もっともこの事故の背景には、信頼度一〇〇％のシステムは原理上も歴史上もあり得ないのに、原発は絶対安全などと平気でウソを言う、それを聞いている側もウソと知りながら認めておいて、事故が起こるとウソじゃないかと怒り出す。同じ社会の住民同士で、事件が起こるまでは、真実を隠蔽することにコンセンサスのある社会、国民は、世界の中で相対的にレベルの高い社会、国民とは到底言えない。

昭和四十年代の東京都のゴミ問題の解決は、原発等意見が大きく対立する問題に参考となる。東京都が、事前相談一切なしに杉並区高井戸にゴミ処理工場建設を決定し通知したことから地主と地元区民が反対期成同盟を結成し、足掛け九年に亘る反対闘争の結果、最終的に建設することで美濃部都知事と合意に至った。当時の写真やビデオが高井戸市民センターで公開されているが、平和裏に解決したこと、その後の各地の焼却場モデルとなったこと、何よりも意見の違いを克服する上での闘争や話し合いの過程、さらには焼却場の設計内容・建設工事のチェックに区民が参加したこと等、不信感の塊から闘争終盤における行政と地域社会との協力関係や信頼関係醸成に至る過程は学ぶことが多い。

実社会では、真実は基本的に隠蔽しないと、ことはうまく進まないという思い込み、社会通念の強さ（空気）が、お金と時間の浪費、人々の対立を煽る。実社会とは何でもケースバイケースであるのに、一ケース毎に考えるのが面倒なので、法令や過去の事例、欧米発の権威あるメッセージなどを武器に、最初から決めていた結論に早く導こうとする。ただしそれらの「形」に対抗しようとするよりもそれらを含めた「実」の世界を築く習慣が一番大切なことではないだろうか。

実践知18
★八割の愚か者は真実を知るとパニックになると思い込んでいる自称賢明派が実際は八割★

思わぬ事故の防止方法

思わなかったのだから、思わぬ事故が防げないのは理の当然である。ＳＷＡＴサイクルの説明で述べたように、思わぬ事故を防ぐには事前にリスクとシナリオを思い描き、対策を練るしかない。それも組織ぐるみ（この言葉は一般に悪い意味で用いられる場合が多いようであるが、ここではいい意味）での検討が必要である。リスクを特定し対策を検討することは、特に我々には苦手な次の四つの議論に、主体的に付き合わなければならない。

①発生確率の低い事象を考える
②常識と自分の思い込みを疑い柔軟に考える
③多面的検討のため他人の意見をよく聞く
④アイデア溢れる対策を出す

この困難な四つの議論の推進パワーは、最後にアクションを具体的に取るというところにある。滅多に起こらない事故で具体的アクションがなければ、検討するのも疲れて長続きしないことは目に見えている。必ず、何らかの設備の購入や設置、業務担当者の新設や一部担当替え等が必要であり、みんなにその気にさせるには、まさにマネージャーの具体的アクションが必要である。その議論の深さとＳＷＡＴサイクルの定期的繰返しが、その対策を取った理由をみんなの頭にインプットする。形式的議論に終わるようになれば、何年かするとどうしてここにこんな物があるのか誰にも分からず、肝心な時に役割を果たさない可能性が高い。

実践知19
★低確率事故対策に多くの人を参画させるには具体的方策実施を条件にすることが重要★

リスク管理阻害要因

リスク管理すなわち未然防止活動とは、まだ事故は発生していない段階であれこれ考えることに尽きる。その阻害要因とは、一つは、業務上過失致死傷罪であり、もう一つは先ほど述べた四つの議論パターンを日本人が苦手にしているカルチャーである。

前者の業務上過失致死傷罪とは、悪意なしに起こる事故で、人間がケガや死亡する場合に適用される刑法である。同法の適用で刑事犯になるか、無罪になるかの分かれ目のキーワードは、予見可能性である。「そんな事故が起こるとは思いもよりませんでした」と言えば無罪、「可能性があるから注意しろといつも言っていたのですが」と言えば有罪となる可能性が高い。つまり善意で、事前にいろいろ考えていると、刑法上まずいことになる可能性があるので、それを考慮した取組が必要となる。

福島原発でも、千年以上前の貞観地震の知識の有無が問われている。地震、津波、原発被害の場合は、やはりそこまで考えるべきと思われるが、隕石の落下についてはどこまで考慮されているのであろうか。直径三十センチまでの隕石が原子炉を直撃しても放射能漏れ事故は起こらないが五メートル以上の場合は福島原発並みの事故が起こる、という場合がいい例である。完璧を目指したあらゆる対策は取れないので、三十センチで設計したところたまたま（何兆分の一の確率で?）それ以上の隕石が落下したとき、発電所の設計や建設決定に関与した者は全員刑事犯にすべきであろうか。それはもはや刑法の問題ではなく、電力会社や電力代だけの問題でもなく、原子力技術の知的財産や日本国の経済への影響等をも考慮した上での、住民や国民の納得度の問題である。その前提条件情報を隠蔽すると、より面倒な問題が発生する。

もう一点はメディアを賑わす大事故発生時に止めることのできない流れは、一つか二つの要因への追求と、一人か二人への責任（者）追及である。そしてそれらが収まった頃には関係者は疲労困憊し、もはや前向き対策に注ぐ検討エネルギーはなくなっている。

平成三十年の台風21号の影響で、関西空港にタンカーが激突し、クルマと電車の道路橋が損傷し、アクセスに大きな被害が出た。責任（者）追及、原因追求とともに重要なことは、事故が起こっていない他の空港（セントレア・神戸）は大丈夫なのか、どこまで対策は考えられているのか、どこから先は考えていないのかを利用者に明確に伝えることであるが、そのような未来志向の未然防止策ワイドショーは見たことがない。各空港の対策は各空港の責任であることは明確なので、責任追及の面白みに欠ける。過去よりも現在と未来の方がよほど面白いと思うが、視聴者は起こってしまった事故の方が好きで、先のための番組など高視聴率は無理と、ＴＶ局側も思い込んでいるに違いない。

実践知20
★大事故の発生防止には大事故未然防止対策の実態ワイドショー放映が効果的★

危機管理

危機管理をリスク管理の一部に含める人もいるが、リスク管理は大事故の未然防止、それに対して大事故が起こってしまったあとの収め方を危機管理とする方が、分かりやすい。未然防止システムが機能せず、事故が起こってしまえば、組織としては何とかして収めるしかない。大事故発生後の危機管理の難しさは、過去に誰も経験していない（前例主義が役立たない）ことと、じっくり考えることが許されず、即断即決が要求されることにある。しかもその過程で、問題の本質とはまったく関係のない不用意な発言をメディアの前で発した途端、社会全体から猛烈なバッシングを受けることがあるので、事前の注意リスト（前例主義が役立つ）が重要となる。

時間がない即断即決は、相談する時間さえない場合が多いが、その中でも福島第一原発の当事者の難しさは想像するに余りある。一九九五年のＪＲ西日本の尼崎事故（死亡者一〇七人）と二〇一一年の福島第一原発事故との事故発生後の危機管理を比較すると、危機管理対象の性格の違いがよく分かる。前者では事故発生時点で車両は既に停止、つまり鉄道会社としてのオペレーションは終了しており、事故発生後の対応の中心は、脱線・転倒・損壊した車両内に閉じ込められた乗客をいかにして救出するかが、最重点課題であった。

一方福島第一原発では、制御棒が挿入され臨界状態は脱したとはいえ、原子核の崩壊熱、使用済み核燃料の発生熱を吸収する冷水補給ができず、メルトダウンや水素爆発、放射能物質の大気への飛散や海洋への廃棄というこれから発生する可能性のある危機的状況を防ぐことが、もっとも差し迫った課題であった。つまり原子力発電工程がまだ動いており、安全に停止させるオペレーションマネジメント機能の継続が強く求められたのである。

オペレーションマネジメントとは当該企業（東京電力）固有の基幹定常業務のことである。原子力発電プラントの設計・建設会社を含め、関連する企業にとっては、サポートはできてもオペレーション全体を仕切ることは無理である。それができるのは、毎日二十四時間何十年も発電してきた電力会社だけである。危機管理に関して従来、強調されてきた広報活動や被害者対応への的確なアクションよりも、時々刻々（実際は分々刻々、あるいは秒々刻々）変化する状況下でオペレーション関連指示（意思決定）を正しく実行することが最重点課題となったことを意味している。

詳細項目を含む現状把握が正しければ、適切な見通しのもと的確な意思決定ができ、避難指示も説得力を持つが、もしもこれらの現状把握を間違えれば、その影響や被害は何十倍、何百倍にも拡大し、地域全体が人の住めなくなる可能性も想定された。

対策本部が熟知していなければならないことは、まずは電源喪失状況下において二次災害を起こさない自社のオペレーション実行力であった。ベントは即実行すべきかもう少し待った方がよいのか、ベントの結果圧力が低下すればすぐに海水注入はできるのか、あるいは真水確保の可能性はあるのか、「バルブ開！」と指示すれば何の問題もなく本当にバルブは開くのか、といった現場のディテールを熟知した、それ故に現場オペレータの信頼を得ている対策本部（長）の存在がすべての前提である。しかも多くの設備は故障し、未知の状態で状況は刻々と変化する。

アメリカのスリーマイル島原発事故では、中央制御室からのバルブ閉の遠隔指示が、バルブの固着により開き放しになっていたことが事故拡大の原因の一つとなった。閉ランプが点灯しているので、普通は閉まっていると思い込むバルブが、ひょっとしたら開いているかもしれないと疑ったオペレータの存在が、大事故の発生を防いだのであった。

ＪＲ西日本の事故では、車両に閉じ込められた乗客を警察・消防その他あらゆる関係者の力を活用して救い出す能力に長けた社内の人物を本部長またはそのスタッフに任命することであり、車両運行関連の専門家は必要ない。福島原発では、原発の、それもできれば福島原発のオペレーションマネジメントに長けた人物しか対策本部長は務まらない。危機管理では、非常事態下の指示命令者は、複数いると指示が混乱するので原則一名である。住民の避難等について政府と協力して進める仕事は当然別人物であり、その人物がバルブ開閉指示をしてはいけないことは当然である。

危機管理におけるトップマネジメントの仕事は、指示命令者の人事と、与える権限、与えない権限を明確にして共有化することと、トップが逃げない姿勢を示すことである。その素早い行動とぶれない態度によって、組織の正常な行動は保証される。日本人が大好きな「責任者は誰か？」より、「この非常事態から脱出する全権を与えるに値する人物は誰か？」と訊いた方が前向きである。

さらに危機管理事態が発生すると普通の人間はその場から逃げ出したくなる。事態がまだ収まっていないのに自分には責任がないとか、彼の責任だなどと訴える。組織の危機に敢然と立ち向かう者は少数派である。逆に言えば、危機管理状態ほど人物を見抜く機会はなく、この機会を生かさない手もない。

実践知21

★危機管理の基本＝〈最適人物に危機管理の全権委譲＋責任はトップを明言〉★

実践知22

★危機管理状況は、逃げ出す人・支える人等、人物評価の絶好の機会★

結果には、必ず原因はウソ?

「結果には、必ず原因があるか?」と問われれば、一定の知識と知性を備えた人間は「そりゃあるでしょう」と答えるに違いない。メディアを賑わす悲惨な人災事故が発生すると、被害者は「このような事故が二度と起こらないよう、事故原因を徹底的に究明してほしい」と述べ、当事者は「原因を分析して対策を打ち、二度と起こさないことを誓います」と頭を下げる。ところが、膨大な原因分析作業の結果、明確な原因が分りました、などという単純明快ストーリーは滅多にきけなくなった。それは政府や国会等が膨大な費用と人材を投入して調査分析した福島原発事故調査委員会の三つの報告書を読んでも分かることである。専門家がどれだけ分析しても一つの原因に収斂せず、委員会の数だけ分析結果と対策は出てくるのである。実際問題の原因は、多数の原因が複雑に絡み合い、単一原因に特定できないものがほとんどだということである。

大きな社会的問題の場合は、報告者もその影響を考え、当然慎重な内容になる。特に対策案は、論理的に説明可能なものに限られてしまうこと、対策提案者には自ら実行する権限も責任もないことを考え合わせると、問題が解決されないのは当然といえる。分析内容や調査資料を手に入れることができず、手に入れても十分理解できない一般人は、「専門家が原因分析して対策を講じたのに事故が再発するのは、責任者が責任を持って厳しく見張らなかったので、現場がいい加減に仕事をしたから」と考えてしまう。我々の頭に長年刷り込まれてきた次の二つの思い込みは、現代でも正しいのかをよく考え直さないと事故も反省も繰り返すことになる。

・徹底的に客観的論理的に分析すれば原因は必ず解明できる
・責任者が強い責任感を持って仕事をすれば事故は起こらない

この点に関連して興味深いのは、二〇一三年に発生した新鋭航空機ボーイング７８７のバッテリー発火事故である。ＪＡＬ機やＡＮＡ機の真っ黒に焼けたバッテリーの写真を見て乗客は肝を冷やした。高価な新鋭機の重大事故であり、ボーイング社も総力を挙げて、事故原因の解明に取り組んだと思われるが、ボーイング社の発表は、事故原因は分からなかった、というものであった。しかも同社はさらなる原因究明には取り組まないこと、バッテリー発火対策を先行させ、バッテリーのセル単位での発生防止・不具合が生じた際の拡散防止・機体への影響防止の三段階での詳細な対策を提示し、原因は不明であるが対策は大丈夫だと言明したのである。

そして三ヶ月後には、アメリカ連邦航空局の承認も得て、７８７の販売を再開したのである。ボーイング社もアメリカ連邦航空局も、原因解明を諦め、原因解明が済むまで販売は認めないというスタンスを取らず、対策に方向を変換したのである。さすがプラグマティズムの国という見方もあるが、現代の科学技術状況を洞察すれば正しい判断だと思われる。

結果に原因があることは科学の基本であり常に正しい。きっちりした原因分析に基づいて原因解明をせずに対策を取れば必ず再発する、というのが、一昔前の常識であった。ところが航空機のバッテリートラブルという重大アクシデントの原因が、最高技術水準にある世界一の航空機メーカーで検討した結果、不明、と宣言したのである。驚くと同時に、現代の高度に発達したマンマシンシステムの超複雑化状況を再認識せざるを得ない。機械設備という広義の自然科学の世界ですらこの状況では、人間が絡む社会的問題に対しては、どれだけ分析しても明快な原因解明は期待できないケースが圧倒的と言っても過言ではない、そのような社会を作ってきたのである。

一定の分析（分析だけでは、実世界に何の影響も及ぼさない）が終われば、いつまでも原因解明にこだわらず、アイデア溢れる意義ある対策によって問題を解決する以外にない。しかも限られた時間内に実行しなければ意味がない。デカルト以来の四百年間は、「分析」を十分行えば「総合」は簡単な時代であった、ともいえる。企業が引き起こす大事故に対しては、あくまで再発防止が目的であり、原因解明は手段である。リスクマネジメントに対しても、企業経営は形式や論理だけの世界ではなく「実」の世界であることを、決して忘れずに対峙したいものである。

実践知23

★単純明快な原因特定不可の超複雑化社会では原因解明と有効対策立案のバランスが重要★

5　トップマネジメントについて（実践知24～28）

トップマネジメントとは社長個人を表す場合が多い。企業組織内の各部門では上司部下の関係が行きわたっているが、社長と各本部長等は上司部下の関係ではない。社長とは、経営理念を作り組織を変え人事を決定する人であり、大事故が起これば責任を一手に引き受ける人である。それに加え、経営課題を設定し、意思決定する人でもある。各社の特殊事情もあり簡単には表現できないためか、ＭＢＡスクールには「社長学」カリキュラムが用意されていない。今後、社長の主たる仕事は何か、そのために社長が日頃磨くべきワザは何か。

ＭＢＡカリキュラムに社長学がない？

民間企業に長く勤務した後、私立大学の社会人ＭＢＡスクールで十年間務める機会を得た。民間企業での経験をベースに実践知を教えながら、こちらも学ばせていただくというまことに楽しい時間であった。そのうち六年間は、大学院研究科長の職にあったため、毎年一番の大仕事は翌年のカリキュラム編成であった。相手は現役社会人であり、今、社会に役立つ人材を育てるとなれば、経営学の基礎科目だけでなく、時流に沿ったテーマやそのテーマを担当するのにふさわしい客員教授の確保も簡単な仕事ではない。編成を終え、翌年のカリキュラムとシラバスを印刷に回したときは、大きな解放感を感じたものである。

その中で、あれだけ膨大な経営学科目があるのに、どの大学のＭＢＡスクールにも社長学という科目や教科書がなぜないのか、いつも疑問に感じ不思議に思ったものである。強いて、探せばないこともないが、社長には人間としての立派さが必要といった倫理観や道徳的側面の強いもので、それだけでは到底社長にはなれない内容である。

私自身が担当している間は、以上の趣旨に基づくカリキュラム編成にチャレンジし続けていたが、それよりもマーケティング、ファイナンス、サプライチェーン、人事管理等々、様々な各分野の経営学教授たちが集まって、社長学をまとめ上げようと議論している姿は学内でも、他大学でもみられなかった。

その様々な経営学知識の吸収を通じて、トータルな企業経営者としての問題意識を深めていたのは、教授ではなく、受講していた大学院生である。各専門教授にすれば、自分の専門を深めることに多忙で、社長学まで手が回らないのが本音であると同時に、トップマネジメントの実際経験がないとまとめるべき社長学の実践知イメージが沸かず、組織内のあらゆる分野を真に統括する人間が社長だ、とは考えにくいのかもしれない。

実践知24
★ＭＢＡスクールで社長としての知を手に入れやすいのは、教授ではなく学生★

コーポレートガバナンス

公益法人のガバナンスとコンプライアンスによる組織運営とは、あらゆる組織活動の根拠が明確なことである。どのルールに基づいているのか、上位者の命令なのか、予算内という条件のもとでの自己の権限内なのか、つまり恣意的行動はしていないことが明確なことである。とはいえ一挙手一投足までのルール化は無理なため、外部からの疑問に対しては納得できる説明をする必要がある。それがアカウンタビリティー（説明責任）という言葉で表現されているものと解釈している。事業成果については、行政庁からの厳しいチェックは特にない。

コーポレートガバナンスでは、業績向上とコンプライアンスの両方が求められる。両者が車の両輪として機能しなければ、企業の持続的成長は望めない。それに加えて、企業の社会的責任（ＣＳＲ）が問われる時代となった。企業はその組織活動が社会に与える影響に対して責任を持ち、あらゆる「ステークホルダー」との関係について、適切に意思決定を行う必要がある。その通りであるが、言うは易く行うは難し、である。

株主の要求は、株主総会でその総意を把握することができるが、従業員や住民の総意を常に投票等で把握することはできない。また従業員と住民の意見の重みをどうするかと問われれば、正解はない。とはいえ一貫性のない短期的、近視眼的な経営姿勢を続けていると、社会に意義ある存在として受け入れられず、持続的な企業の成長・発展は期待できない。

一方、企業の意思決定はステークホルダーの総意ではなく、あくまで企業自身が主体的に行うものである。必要であればいつでも説明責任を果たす覚悟がいる。企業規模が大きくなればなるほど社会に対する影響力は大きいので、トップマネジメントには、信念付きのビジネスフィロソフィーが求められる。

ステークホルダーを広く捉え、ＣＳＲをも含めたフィロソフィーとは、まさに社会貢献を本気で考え始めた企業の姿である。インターネットに広く掲載されている企業のＨＰに並ぶ社会貢献メッセージが本物になりつつある。また、ぶれないビジネスフィロソフィーがあれば、様々な問題の具体的局面で、適切なアクションが可能となり、後日どのような質問にも、逃げることなく説明責任を果たすことができる。

実践知25

★ＣＳＲ活動強化を評価・支援し営利法人の社会的存在意義を明確化しよう★

オープンマインド経営

公益法人経営は、個人情報等を除き、本来守秘すべき情報がほとんどないため、オープンマインド経営そのものである。仕事は世の中に役立つこと（公益目的事業）を大真面目にやればいいだけである。うまく行かなければ、アイデアや新しい協力者の獲得等様々に行動し、考える必要はあるが、目的や目標を疑うことが少ないというのは、精神衛生上は健全である。さらにトップマネジメントが、大きいこと小さいことすべてに精通していればスピード経営は実現しやすい。それを、社員数の多い企業組織の場合で言えば、各組織内、組織間の風通しがよく、組織全体がオープンマインド状態にあるという意味になる。トップがぶれないビジネスフィロソフィーを常にブラッシュアップしながら経営しようとすれば、状況の正しい把握は前提であり、組織は当然オープンでなければならない。

オープンな企業体質とは、社内に部外秘資料が少ない企業といえる。本当に部外秘なのか、あるいは恥ずかしいからか、やましいところがあるからか、それとも自信がないから隠すのか、をみんなで棚卸するとその過程で組織風土が変わる可能性もある。

とにかく一度原則オープンとし、どうしても Confidential 扱いとすべき情報を明確にするトライアルには意味がある。原則クローズドが常識という企業風土が出来上がると、上司にも隠すことを考える社員が出て来ることは防げないであろう。その行きつく先は、トップをも裸の王様にしかねない。

競合会社同士の物流協力や、ＮＨＫとＴＢＳがコラボする時代である。新入社員の離職率が三割を超え、定年退職した社員が海外企業に就職する時代に、社内に Confidential としなければならない資料は一割にも満たないであろう。徹底して競争する分野と協力する分野、見せない情報と、見たい者には見せる情報を明確にしておくことが経営の効率化や、思わぬ方向へのよい展開をもたらす可能性があると考えた方が前向きである。

実践知26

★企業評価項目のなかで会社のオープン度の重みは、今後ますます大きくなる★

トップマネジメント機能の強化

公益法人制度改革に伴うこの数年間は、当財団の〔トップ＋管理職＋一般社員〕業務のすべてに関与してきた（職員を採用する人件費が捻出できなかったからである）。前身の財団法人から引き継いだ後に、財団理念の策定、既存事業の一部変更と新事業追加の認定申請を行い、理事・評議員・監事に適切な方を探して就任依頼する、最重要の収益確保については国債売却と外債購入の理事会決定（議事録作成業務もある）を経て実行し、法人内の管理の仕組みと26個の内規を作り、経理・会計業務は適切な業者に依頼し、業務を通じて公益法人会計なるものを理解する、独立事務所の設立が必要となれば、その決定のための理事会説明資料を自ら作成し、承認後はネットで検索し不動産業者に同行して現物確認し所有者及び清掃業者と契約するといった業務を、延々と長時間労働でやってきたわけである。

以上の説明は、公益法人として認定後の六年間、準備期間を含めると実質八年間は大変だったと言いたいわけではなく、〔トップ＋管理職＋一般社員〕業務のすべてに自らコミットすれば、経営がよく分かり、それがスピード経営実現のキーであるということが主張したいことである。

図20　人間のしくみと組織のしくみ

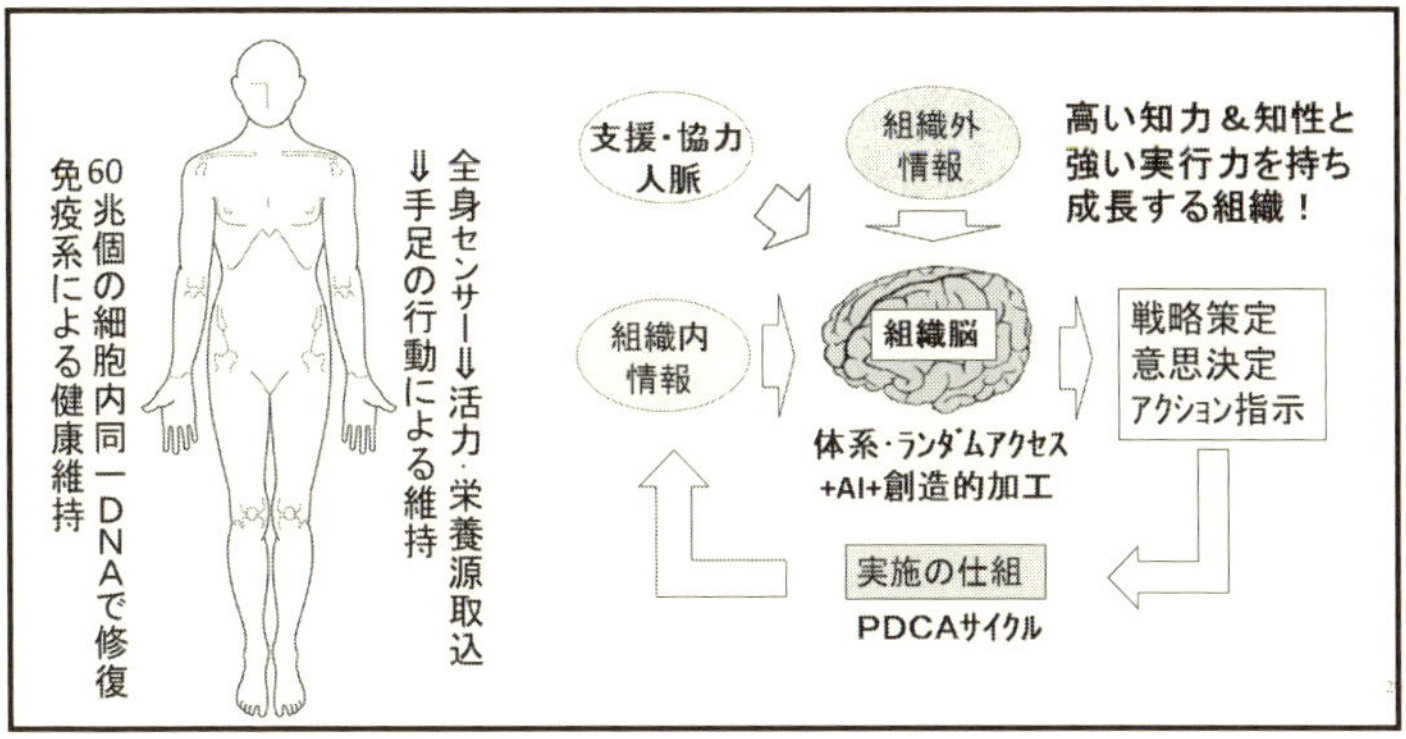

意思決定とは、組織内外の情報を収集し、今、重要な意思決定課題を明確に把握し、対策を検討して迅速に行動指示を出すことである。現代の超複雑化社会とは、実務者の常識をトップが知らなかったことが大きな問題を引き起こす可能性がある社会であり、〔トップ＋管理職＋一般社員〕業務のすべてにトップ一人が関与できるのであれば、関与しないよりはした方が明らかによいということである。つまり「偉くなれば小さな仕事はすべて部下に任せ、大きな仕事をするべき」という過去のメッセージは、正しくない場合が多い。正しい表現は、「大きい小さいにかかわらず、法人の存在にとってtrivial（影響の小さい）な仕事は部下に任せ、crucial（致命的に重要）な仕事にはトップ自らがコミットすべき」と言うべきである。

起業が大規模企業になったとき、社員がオーナートップに実力で到底勝てないのは、意欲や能力もあるがその経験の差が大きい。すべての業務を自ら行えば、trivialな仕事とcrucialな仕事の区別もよく分かり、crucialな仕事に集中的にコミットすることにより経営能力も着実に向上することになる。

規模の大きな企業の社長に、そのような仕事のやり方を期待することは、実際は無理である。とはいえ重要項目すべてを理解しているトップマネジメント機能は、今後とも経営が要求する機能である。そのトップマネジメント機能を一人の社長で果たせない場合は、企業組織がその機能を果たす必要がある。それを図示すれば、図20となる。すなわち企業全体が、まるで一人の人間のように動ける組織を確立していくことが、今後の課題となる。

人間の体は、体内の全細胞一個ずつにまったく同じＤＮＡがあり、ある条件の下で活性化される、全身に張り巡らされた免疫機構が異物を攻撃して人体を防御する、右手がケガで使えないときは脳からの指示を待つまでもなく、自然に左手が代わりをする。組織で言えば、トップマネジメントの思想、行動を全社員が理解している、組織内外で発生する阻害要因は、内部ですぐに解決される、ある部署で多くの病欠者がでれば他の部署が業務をすぐに代行する、といったトップマネジメントが羨《うらや》む素晴らしいシステムを人体は備えている。

さらに医学研究が明らかにしてきたことは、脳がすべての指示を全身に出しているわけではないという事実である。腸で作られた物質が血管を通して脳に送られ、それを感知した脳が手の筋肉に指示して、食事量を抑制する場合もある。冷えた金属に触ったとき、熱いと間違えて手を引くこともある。それを称して〝脳とは末端神経の奴隷〟と述べた生命科学者もいた。

経営環境の変化スピードが激しければ、意思決定のスピードも上げなければならない。日本でも特にバブル崩壊後は、スピード経営が叫ばれてきた。スピード経営実現には、経営環境変化のセンサーが機能していること、それに応じて的確な対応策の立案能力と意思決定が可能なこと、その意思決定に従って組織が素早く動けることの三条件が必要となる。

企業組織でもコントロールセンターや本部が全能でないことは、まじめに仕事をしていればすぐにわかることである。一方、現場にすべてを任せることなど、現在の状況下では到底できない場合が多いことも明らかである。トップや本部の重要性と現場の重要性とのバランスにこそ、経営の本質があるにもかかわらず、どちらが重要かという二者択一問題設定が大好きな文化に、しばしば方向を誤らされてきた事実から学ばない思考癖にこそ注意しなければならない。

図20の組織脳とは、小さな組織であればトップ一人であり、大きくなれば複数になる。ただしその複数体制を、人間の長い歴史のなかで繰り返し現れた側近政治と解釈すれば、組織内情報は原則秘密で、情報をコントロールする側近が権力を握るという古い権力機構に過ぎなくなってしまう。そこでは、間違った情報による不適切な判断とゆがんだ人事が横行する見慣れた光景が再現し、次代にふさわしい企業組織とは似ても似つかない。

また、いわゆる日本的経営は、意思決定の遅さと責任の所在の不明確さ、機能体組織が共同体化する悪弊等、今までに散々批判されてきた通りである。その批判の正しさと、トップ個人の能力の限界を考慮すれば、オープンマインド経営を実践し、組織メンバーはもちろん、広義のステークホルダーが満足、納得するぶれないビジネスフィロソフィーの確立、「新和経営（新しい和の経営）」とでも呼ぶべきトップマネジメント機能を個人ではなく組織として具体的に実体化する競争がソサエティ5・0時代のビジネスではないだろうか。

実践知27

★ボスが関与すべき判断基準は大きいか小さいかよりクルーシャルかトリビアルか★

実践知28

★組織経営の今後の重要テーマは、組織脳の形成および現場とのバランスの実体化★

第2章

法人の社会貢献活動と社会の活性化

1　公益法人制度改革

営利法人の代表格は株式会社である。非営利法人にはいろいろあるが、法律の条文で広く公益を明確に謳っているのは公益法人である。従来、日本では「公」の概念が希薄であったが、公益法人制度が百十年ぶりに改革された。社会や組織の構成メンバーの行動を変革するには、制度変更が有効であり、その中でも法律改正は、最も強力なものの一つである。公益法人の事業費の総額四兆四千億円は、日本経済に与えるインパクトとしては大きな金額とは言えないが、少子高齢化の「課題解決先進国日本」にとって国民の「公」に対する姿勢への影響を考えれば、志ある人々の知恵を結集すべき重要分野といえる。

法人の種類

法治国家日本ではすべてが法に基づいている。民を管理監督する官の立場ではなく、実際に仕事をする側から法をみると、実務上必要十分となる法令を把握して理解し、実務担当者全員に順守と応用（行動）のポイントを徹底しなければならない。法人関連法令は膨大であるが、もっとも基本的な知識は次のようにまとめられる。

・法人とは、人間以外で法的に権利義務の主体となれる資格を認められたものをいう。

・営利法人とは、利益を構成員で分配することを認められた法人であり、非営利法人とは、営利法人以外の法人をいう。

・営利法人には株式会社・合資会社・合名会社・合同会社があるが、圧倒的多数派は株式会社である。

・非営利法人は、公益法人とその他の法人に区分される。公益法人になるには、公益法人法に基づき行政庁による認定が必要となる。

・営利法人、非営利法人区分とは別の分類基準に、社団法人、財団法人区分がある。

・社団法人とは、一定の目的をもった人の集団（社団）で、権利・義務の主体となることが

図21 法人の種類と根拠となる法律

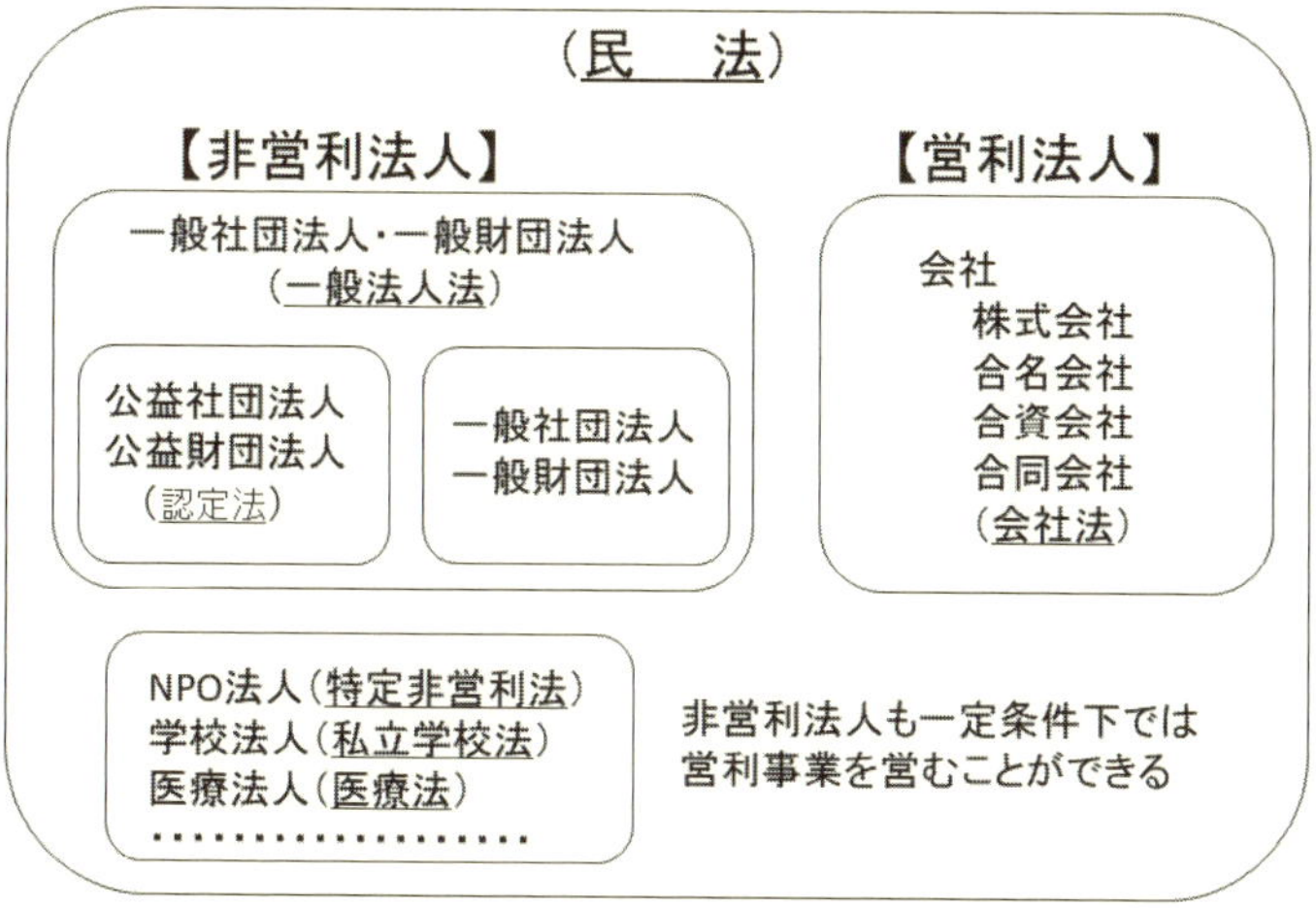

できる法律上の資格（法人格）を認められたもの。株式会社とは営利社団法人である。

・財団法人とは、一定の目的のために寄付された財産をもとに設立された法人格を持つ法人で財産が一定額以下になると資格を失う。

営利法人、非営利法人、公益法人を図示すると、図21となる。

百十年振りの法改正

「はじめに」で述べたように、日本の公益法人経営は百年以上、旧民法第三十四条に従い行われてきた。そこには、

「祭祀、宗教、慈善、学術、技芸其ノ他公益ニ関スル社団又ハ財団ニシテ営利ヲ目的トセサルモノハ主務官庁ノ許可ヲ得テ之ヲ法人ト為スコトヲ得」

とあり、本法律に基づいて長年活動してきた、旧制度下公益法人の主たる問題点としては、次のようなことが指摘されてきた。

①ガバナンスの弱体による不祥事の発生

②公益性判断基準に一貫性がなく、法人設立が複雑

③主務官庁の裁量権からくる不公平さと天下り問題

そこで平成十八年（二〇〇六）に「公益法人制度改革関連三法」が国会を通過、平成二十年十二月一日に施行された。三法とは、「一般法」「認定法」「整備法」をいい、改正法の骨格となるのは前二者である。「一般法」で、ガバナンス要件を備えた非営利法人を「一般法人」と

して法人格を付与し、次いで「認定法」で一般法人の中で公益要件を満たす法人を「公益法人」として認定することを定めている。また主務官庁許可制を廃止し、行政庁は内閣府（＋地方自治体）に一本化された。

公益認定業務そのものは、民間有識者からなる第三者委員会に委託されることとなり、内閣府は、申請法人の認定承認と、三年に一度の立入検査を中心に各法人が公益要件を満たしているかどうかのチェックと認定取消処分が主たる業務となった。「整備法」により、施行から丸五年すなわち平成二十五年（二〇一三）十一月三十日までに、従来の公益法人（法の施行後の名称は特例民法法人）はすべて、一般法人か公益法人のいずれかを選択し、移行認可申請、あるいは移行認定申請をしなければ、法人としての資格を自動的に失い、解散したものとみなされることとなった。

その結果、法の施行前に存在した二万四三一七法人のうち三五八八法人は消滅、一万一六七九法人は一般法人へ、そして残りの九〇五〇法人が公益法人として認定されたのである。つまり平成二十五年（二〇一三）十二月一日以降の公益法人は、すべて改正法に従ってリフォームされた法人であり、認定時期の違いを除き、一斉にリスタートしたことになる。この九〇五〇公益法人を管轄する行政庁には、政府（内閣府）と各都道府県自治体があり、内閣府から直接移行認定を受けた二五〇〇法人のうちの一つが公益財団法人「丸和育志会」である。

公益事業と公益目的事業

公益法人とは公益事業を行う法人であると言えば、日本語としてはもっとも分かりやすいが、公益事業は既に戦後制定された労働関係調整法第八条で定義されている。すなわち公益事業とは、運輸、郵便、電気通信、水道、電気、ガス、医療、公衆衛生事業のうち、公衆の日常生活に不可欠なもの、とある。しかしながらこれら公益事業を実行する法人のほとんどは、営利法人であり、株主から資金を募り、税法に従い法人税を支払っている。

そこで今回の法律改正では、新たに公益目的事業という概念が導入された。すなわち公益目的事業とは、図22の二十三種類の事業で、不特定多数の利益の増進に寄与するものと定められた。正確に言えば、二十三種類目は未だ政令で定められたことがないため、現時点では二十二種類の事業である。したがって少し分り難いが、公益事業は営利法人が行う、公益目的事業は非営利法人である公益法人が行うということになる。

図22 23種類の公益目的事業

1. 学術及び科学技術の振興を目的とする事業
2. 文化及び芸術の振興を目的とする事業
3. 障害者若しくは生活困窮者又は事故、災害若しくは犯罪による被害者の支援を目的とする事業
4. 高齢者の福祉の増進を目的とする事業
5. 勤労意欲のある者に対する就労の支援を目的とする事業
6. 公衆衛生の向上を目的とする事業
7. 児童又は青少年の健全な育成を目的とする事業
8. 勤労者の福祉の向上を目的とする事業
9. 教育、スポーツ等を通じて国民の心身の健全な発達に寄与し、又は豊かな人間性を涵養することを目的とする事業
10. 犯罪の防止又は治安の維持を目的とする事業
11. 事故又は災害の防止を目的とする事業
12. 人種、性別その他の事由による不当な差別又は偏見の防止及び根絶を目的とする事業
13. 思想及び良心の自由、信教の自由又は表現の自由の尊重又は擁護を目的とする事業
14. 男女共同参画社会の形成その他のより良い社会の形成の推進を目的とする事業
15. 国際相互理解の促進及び開発途上にある海外の地域に対する経済協力を目的とする事業
16. 地球環境の保全又は自然環境の保護及び整備を目的とする事業
17. 国土の利用、整備又は保全を目的とする事業
18. 国政の健全な運営の確保に資することを目的とする事業
19. 地域社会の健全な発展を目的とする事業
20. 公正かつ自由な経済活動の機会の確保及び促進並びにその活性化による国民生活の安定向上を目的とする事業
21. 国民生活に不可欠な物資、エネルギー等の安定供給の確保を目的とする事業
22. 一般消費者の利益の擁護又は増進を目的とする事業
23. 前各号に掲げるもののほか、公益に関する事業として政令で定めるもの

営利法人とは株主等の間で利益の分配が認められている法人であり、非営利法人は認められていない。したがって公益法人には損益という概念がないため損益計算書なるものはなく、それに相当する計算書は正味財産増減計算書と名付けられている。利益がないので税金の支払もない（公益法人にも五〇％まで認められている営利事業には当然税金の支払が必要）。

財団法人の場合は、保有基金の運用による利子収入が発生するが、それはすべて公益目的事業とその管理業務のために支出される費用であるので、税の支払いは免除されている。その特典の見返りとして公益法人には様々な規制がある。その規制が、法人の自由な活動を阻害し受け入れがたいとの判断および、規制順守のためのコストを考慮して公益法人の認定申請をせず、一般法人を選択した法人も少なくない。

一方、公益法人には税の特典以外に、内閣府の規制を受けているということからくる社会的信用度の高さがあり、その社会的信用度が活動のしやすさを生むことも多い。スポーツ団体はその性格上、公益法人が多いが、平成三十年十月時点での七つの一般法人スポーツ団体に対し、公益法人化するよう要請が出ている。それは一般法人に比し、年度毎の定期報告や情報公開と内閣府のチェックがあることから来る社会的信頼度の高さがあるからである。

結局、法改正に対して各法人は、活動の自由度、信用度、税の支払義務の三点を総合的に判断し、公益法人か、何の規制もなしに申請すれば即、認められる一般法人かの選択を行ったわけである。その結果が、前項目の最後に述べた公益法人数と一般法人数として表れている。

ガバナンスとコンプライアンス

平成三十年は、オリンピック開催を前に多くのスポーツ団体で不祥事（金銭の不透明な使用疑惑や事業目的から考えて問題のあるパワーハラスメント問題等）が頻発した。その中には一般法人もあるが、公益法人も含まれている。ガバナンスとは、まさにこのような不祥事を起こさない、起こさせないためのすべての仕組・活動と解釈でき、その実現のための具体的なルール制定とその順守風土の形成活動が、コンプライアンスと考えることが実際的である。

改正法の骨格となるのは、「一般法」「認定法」の二者であり、「一般法」でガバナンス要件を備えた非営利法人には法人格が付与され、公益法人はさらに公益性認定が追加される。つまり「一般法」「認定法」を忠実に順守すればガバナンスは保証されるはずであるが、実際には様々な問題が発生していることは、既述の通りである。

法人が事業推進能力、体制を整備しているかどうかのガバナンス基準の主たるものは、

・役員の構成を親族で固めていないこと

・財産の維持処分や解散時の財産の寄付については定款で定めていること

・経理的基礎、技術能力を備えていること

である。ここで経理的基礎とは、財産の管理運用に役員の適切な関与による健全な財産状況の維持及び情報開示の適正性の確保であり、技術的能力とは事業推進に必要な人材と設備が備わっていることを意味している。

また公益性の基準としては、

・利益相反の禁止
・財務三基準（公益目的事業比率二分の一以下／収支相償（収入が支出を上回らないこと）／遊休資産額が限度額以下）の達成
・役員報酬支給基準の明確化
・他団体の意思決定に関与可能な株式等の保有の禁止

が主たる基準である。

ガバナンスとコンプライアンスは組織運営の基本、という考えに反対する人はほとんどいないにもかかわらず、繰り返し問題が発生し、社会を騒がせる。しかし数ある法のなかで、公益法人制度とは比較にならないくらい社会的コンセンサス十分の刑法ですら、完全に順守され犯罪が撲滅されたことは人類の歴史上一度もない。その人間の集団や、組織行動の統治（ガバナンス）が一筋縄で行かないのは当然ともいえる。

国家のガバナンスを何千年議論しても、完全には一致しないのと同様、コーポレートガバナンス（企業統治）等の組織ガバナンスにも様々な考え方がある。東京証券取引所と金融庁が取りまとめたコーポレートガバナンスコードが、環境変化や様々な意見により既に改訂版が出されていることをみても、今後とも、関係当事者の協力の下でコンセプトのブラッシュアップに取り組んでいくべき課題といえる。しかし法律は順守しなければならない。具体的な順守活動の実際については、２項以下で説明する。

拡大する公益法人の役割

最近の日本は、大地震と異常気象のためか台風や豪雨被害が次々と発生し、さながら災害列島の観を呈している。国土交通省や気象庁の役割は益々大きなものになっているが、個人に平等に襲いかかる災害に対しては、災害発生後の非難と復興に地域を基盤としたコミュニティの役割強化が求められる。阪神淡路大震災や東日本大震災時における被災住民の自助・互助活動や、全国から集まったボランティア活動は高く評価されている。

天災には公助だけではなく、住民の自助・互助、共助活動の必要性が国民に広く認識された。全国の道路・鉄道網、通信ネットワーク、設備、社会保険制度と教育制度といった公的大規模インフラ整備は、言うまでもなく、政府自治体が中心となって推進する仕事であるが、少子高齢化がもたらす様々な社会課題（図23参照）は、地域や個人グループの主体的取組なしに、「従来の公」＝官だけに期待しても解決できないことが、誰の目にも明らかになってきた。そのことに気付いた官自身が、今回の公益法人制度改革の言い出しっぺといっても過言ではない。図23の右端に『未来の年表―人口減少日本でこれから起きること』（講談社現代新書）より日本崩壊のシナリオを抜粋した。それを座して待つほど日本人がバカな国民とは思えない。

昔からよく言われるように、公の英語はパブリック public であるが、日本ではパブリック＝官のイメージが強い。パブリックスペース＝公共空間とは、一般の人々が誰でも利用できる空間、公園、学校、駅、病院や図書館のことで、企業が一般の人々向けに開放している庭園やオフィス内施設なども含まれるが、行政が税金で作った施設という官立イメージが根強く残っ

図23　日本の人口の推移

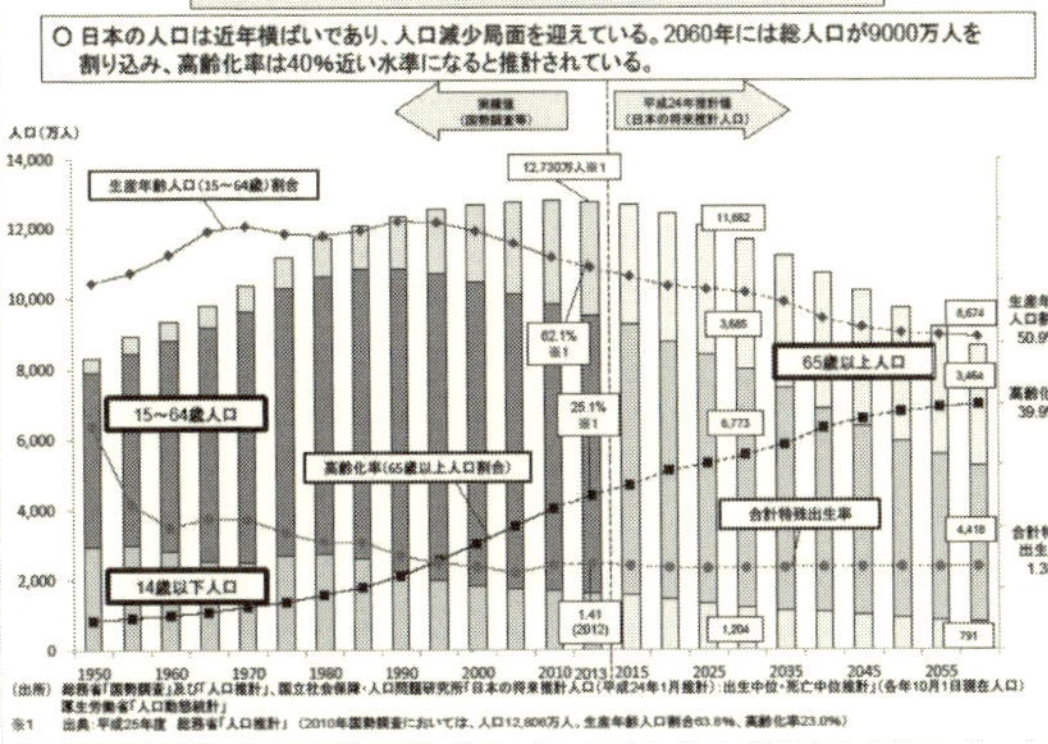

エポック：
「未来の年表」より抜粋

高齢化社会：高齢化率7%
高齢社会：高齢化率14%
団塊世代：1947〜49
団塊ジュニア：1971〜74
寿命の延びが少子化を覆い隠してきた
2016：出生数100万人↓
2020：女性の1/2が50歳↑
2024：団塊世代が高齢者
⇒人口の1/3が高齢者
介護離職・一人暮らし
・認知症患者700万人・孤独死・老々介護・育児/介護のダブルケア・若者の減少⇒国防治安防災機能の低下・空き家=全住宅の1/3・火葬場不足
・未婚大国・自治体消滅
2042：高齢者ピーク40百万
2065：外国人の占拠
2118：人口50百万

ている。お上に弱い文化も同根である。何をするにもお上の指示待ちで、その指示には不満を言いながら従い、どうしようもなくなると、苦しいときの（お）かみだのみ、となる。民主主義の歴史が浅く、お上に弱い文化の原点である。

公益法人についても「公」が付いているため、すべてが税金で運営されていると思い込んでいる人がいる。公益目的事業は、財団基金の運用益で行っており、その運用収益にかかる税金が免除されているが、財団基金はすべて個人の寄付である。基金自身を行政が出資している財団もあるのでそれを区別し、民間比率を増やしていくとともに、民の自立心やパワー強化を図ることが、日本社会にとっては重要となる。

災害その他、機動的対応が必要な肝心な時に、政府部門では機動的対応が本質的に困難な活動領域がある。それを地域コミュニティや公益法人が、自助・互助・共助・公助等、自立と協働の関係を維持しつつ自主的に担うことは誰が考えても望ましい。そのためには、戦後一貫して崩壊してきたコミュニティを、新しいライフスタイルのもとで再構築することがどうしても必要である。

それに加え、現状維持的な上記活動を超え、各個人が自己実現を図ろうとする活動を、その社会性、多様性、創造性、グローバルの観点から社会が支援する活動とを結びつける必要がある。和が中心の行動規範を持つ我々日本人が、なぜコミュニティの崩壊を前になすすべがない状況を長く続けてきたのであろうか。その原因は、やはり社会の複雑化にあると思われる。構成メンバー間の軋轢を和らげ、和を保つキーマンは当然集団のリーダーである。昔のように世の中がシンプルであれば、リーダーは人格さえ立派であれば、メンバーの尊敬も受けて、十分役割を果たせた。ところが現代の超複雑社会では、人格だけでリーダーシップを発揮することは到底出来なくなったといえる。今や、リーダーシップは個人では無理となった。それを担うのは公益法人であり、社会的責任意識を持つ株式会社である。公益法人の年間事業費約四兆四千億円は、日本経済の規模からすれば大きなものではないが、民間非営利組織による公益活動が果たす役割は、金額以上に極めて重要である。

2　法規制の実際と対応

前項で述べたように一般法、認定法の趣旨と条文を順守しているかどうかが規制対象となるが、一般法だけでも三百四十四条もある。従って法律の専門家でない順守義務者は、これらの条項を三つに大きく分けて把握することが大切である。

①読んだだけでは内容が理解できないもの
②内容は理解できるが、うっかり誤解する可能性のあるもの
③常識で十分、理解・順守できるもの

①は勉強する以外にないが、②の誤解には十分検討・注意して防止しなければならない。実際の規制項目のうち、主なものについて述べる。

一般法と認定法

公益法人が順守すべき主たる法律は、一般法と認定法の二つであった。このうち一般法が厳しい罰則で臨む多くの条文は、特別背任や財産の勝手な処分、文書の虚偽記載等、普通の社会

人であれば誰もが犯罪と見なす行為であり理解しやすい。ところが認定法違反に関しては、犯罪などとは無関係の内容も多い。しかも公益財団法人が認定取消処分を受けると、財団基金を没収（正確には公益目的取得財産残額を他法人へ寄付）されるため、公益財団法人としての事業継続は不可能となる。公益法人の認定条件（図24参照）の十八基準目（最終項目）に、認定取消処分時の残余財産の処分方法は定款に定めることとあり、どの公益法人の定款にも処分方法が記載されている。

　認定法第二条四項の公益目的事業の定義および、別表にリストアップされた二十三事業については、既に前項の図22に示した通りである。同法第五条には、十八基準に適合する法人は公益認定する、とある。逆に言えば十八基準に適合しない法人は認定取消となると解釈できる。実際、第二十九条には、公益法人が十八基準のいずれかに適合しなくなったとき、行政庁は公益認定を取り消すことができる、という記述がある。

図24　認定法5条18適合条件

1	主たる目的が公益目的事業を行うこと
2	公益目的事業を行うのに必要な経理的基礎及び技術的能力を有すること
3	その事業が、評議員・理事・監事・使用人等当該法人関係者に対し特別の利益を与えないこと
4	その事業が営利事業者・特定個人・団体に対し寄附その他の特別の利益を与えないこと
5	投機的取引、高利融資等公益法人の社会的信用を失う事業を行わないこと
6	公益目的事業収入がその実施に要する適正な費用を償う額を超えないこと
7	収益事業等を行うことが、公益目的事業の実施に支障を及ぼさないこと
8	公益目的事業比率は、1/2超であること
9	遊休財産額が同条第一項の制限を超えないと見込まれるものであること。
10	理事・監事とその配偶者・三親等内親族理事である理事の合計数が理事総数の1/3を超えないこと
11	他の同一団体の理事・監事・使用人の合計数が理事の総数の三分の一を超えないものであること
12	会計監査人を置いていること　当該法人の収益の額、費用及び損失の額その他の額が基準に達しない場合は、この限りでない
13	理事・監事・評議員の報酬・賞与・退職手当等が、民間事業者役員に比し不当に高額なものとならない支給基準を定めていること
14	一般社団法人にあっては、・・・以下略
15	他の団体の意思決定に関与可能な株式・財産を保有していないこと
16	公益目的事業に不可欠な特定財産があるときは、これに関する必要事項を定款で定めていること
17	公益認定取消処分・法人消滅の場合は、財産残額を1ヵ月以内に他の類似事業目的公益法人等に贈与する旨を定款で定めていること
18	清算する場合、残余財産を類似事業目的の公益法人等に帰属させる旨を定款で定めていること

さらに十八基準不適合だけが認定取消理由ではない。認定法六条や一般法六十五条には、役員等の欠格事由が厳しく定められている。平成二十九年に認定取消になった社団法人入間シルバー人材センターは役員の中に禁固刑終了後五年未満の役員がいたため、勧告・命令の通常のステップを経ずに即認定取消となった。結果としては当然であるが、事前防止の方法と確実な実施は、運営側には難しい。結局、新役員は十分注意して選考し、役員就任（新任、重任とも）時に、本人の確認書を提出してもらう以外になさそうである。

いずれにしても公益財団法人の場合は、認定取消判定処分を受けた時点で、財団法人設立時の篤志家の何億、何十億円の善意の寄付財産が、なくなってしまうことになる。篤志家の意志を引き継ぎ、財団事業に携わってきたものとしては、何としても避けなければならず、認定法の主旨と各条項の正確な理解に基づく事業経営には、細心の注意が必要となる。

ここまでは、非営利法人の一つである旧公益法人が、制度改革法である一般法と認定法により一般法人と公益法人に区分されたため、その違いを含め、公益法人に焦点を絞って述べてきた。もう一つの区分は、社団法人と財団法人である。

社団法人（株式会社が典型）とは、個人（社員）が一定の目的のために集まった組織であり、個人と同様、法律によって権利・義務の主体となることが認められた法人である。一方、財団法人とは、一定の目的のために寄付された財産をもとに設立されているため、財産が一定額以下になると資格を失う法人である。

ということで一般法、認定法とも、社団法人と財団法人とを明確に区別しているが、法律は、公益社団法人を対象に膨大（？）な法令をまず作成し、公益財団法人については、公益社団法人と異なる部分を、条項番号と読み替え方で表現する形式にしているため、公益財団法人側にとっては、まことに読みにくく理解し難い（誤解しやすい）ものとなっている。法律とはそういうものだと言ってしまえば身も蓋もないが、法律を一般国民に身近なものにするには、表現方法をできる限り日常の常識に近づけてもらいたい。

組織内諸規程

それぞれ特色ある事業を推進している公益法人の活動を、法令の順守だけで適正な運営を実現することは無理であり、法人内規程が必要となる。丸和育志会でも図25の通り、業務上必要な二十六規程を作成した。法律は与えられるもの、内部規

図25 諸規程体系図

0. 総括	1. 事業関連規程	2.組織関連規程
00諸規程管理規程	11奨学生支援規程	21評議員会運営規則
	11-1奨学生選考マニュアル	22評議員選定委員会
	12ソーシャルビジネス支援規程	運営規則
	12-1優秀プロジェクト賞審査マニュアル	23理事会運営規則
		24監事監査規程
		25職務権限規程
		26委員会規程
		27文書管理規程
		28印章管理規程
3.人事関連規程	**4.財務経理関連規程**	**5.渉外関連規程**
31役員等報酬規程	41基本財産管理規程	51契約規程
別表）常勤役員報酬表	42特定資産管理規程	52寄附金規程
32常勤役員及び職員業務規程	43特定費用準備資金等管理規程	53情報公開規程
33就業規則	44資金運用規程	54個人情報保護規程
33-1出張マニュアル	45経理規程	55特定個人情報保護規程
34給与規程	45-1出納マニュアル	
35退職金規程	別表）勘定科目/BS·PL	

程は自主的に作成するものであり、行政庁が内部規定の一言一句をチェックしてくれるわけではない。立入検査の基本は、法律を順守しているか、組織内の活動が何らかの裏付け（内部ルール等）の下で実行されているか、つまり恣意的に行われていないかの検査が主なものである。

法人内規程のうち、ガバナンスに関する重要なものは、定款に明記することが必要である。評議員・評議員会・理事・理事会・監事は、必ず設置しなければならず、さらに大規模公益財団法人には会計監査人が必要となる。評議員会は理事や監事を解任できるが、理事会が評議員を選任・解任することはできない。評議員会は年一回必ず開催義務があり、通常は年度決算を承認する評議員会となる。理事会、評議員会の議事録は、法令に従って記述し、特に決議事項については明確に記録を残さなければならない。これらのことは、すべて定款に記載し順守することが求められる。

丸和育志会の定款には、奨学金給付対象として高校生・大学生・大学院生という記述がある。現在では、経済的困窮状況にある高校生のほとんどは教育費無償となったため、大学生・大学院生に絞って給付したところ、定款通りの活動とは言えないという指摘を受けた。法律の表現方法では、高校生・大学生・大学院生は、オアではなくアンドであり、何らかの注釈が必要ということである。確かに定款は与えられたわけではなく、こちらが自主的に作成したものである。自ら作成したルールを守らないというのはいかがなものかと言われると返す言葉はなく、反省させられる指摘であった。

財務三基準

各種法人の経理・財務関連業務は、会社法や税法等多くの法律をベースに、行政当局の指導と会計士や税理士等多数の士業従事者によって業務が行われている。そのなかで、既述した認定にも強く関係する公益法人特有の会計基準が、次の財務三基準と呼ばれるものである。この基準を満たしていない場合は、認定取消になる可能性がある。

①公益目的事業比率は五〇％以上でなければならない

②収支相償が収益プラスになっていないこと

③遊休資産額が遊休資産保有上限値を超えていないこと

①の公益目的事業比率とは、公益実施費用額を総額（公益実施費用額＋収益等実施費用額＋管理運営費用額）で割って計算される。ここで事業費とは事業目的達成のための費用であり、管理費とは法人を運営するための管理費用のことである。事業のための費用が半分以上必要とは、ごく常識的で理解しやすい基準である。

それに比し、②はきっちり守ることが難しい場合が多い基準である。例えば、株式を保有している法人が年度末近くに思わぬ配当を受け取ると、年度末までに消費することができず、たちまち収益プラスとなり、収支相償基準違反となる。またこの基準は、通常の会計用語を用いて表現すると、赤字歓迎、黒字はダメの経営を強要されることとなり、営利法人出身者は頭の切り替えが要求される。黒字になってもそれを積み立て、次年度以降の使用目的が明確であれば認められるが、使用期間が年度を超えれば環境変化の可能性も高く無駄な費用を使う可能性がある。さらに資金不足になっても親会社が補填してくれる財団は問題ないが、独立系財団ではいずれ倒産（解散）するので事業継続は不可となる。

③は一年分の公益目的事業費相当額以上の金額を保有すると、不祥事の原因になりかねないことを危惧して設けられた基準である。行政庁の心配も理解はできるが、法人の経理的基礎が十分信頼でき、情報公開が徹底されていれば、法人自身が自ら自主的に対応すべき項目ともいえる。

情報公開

認定法二十一条により、公益法人は年度末までに、事業計画書、収支予算書を、また年度初め三ヵ月後までに財産目録、役員名簿、報酬規程、その他内閣府の指示する書類を、主たる事務所内に据え置くことが義務付けられている。政府、中央官庁、地方自治体、営利法人その他日本のあらゆる組織の情報公開度が欧米に比して低いことは明らかである。歴史的、文化的要因が絡んでいるとはいえ、今後情報公開圧力が弱まることは考えにくい。

特に公益法人にとっては、その存在理由からしても、公開することが組織にとってマイナスになる要素は低い。公益法人の事業活動にとってインターネットを利用した情報開示は、基本的には信用度の向上等プラスに作用するものと思われる。公益法人にとってもっとも重要な情報セキュリティ対象は、会員、各種委員会委員、役員等の個人情報保護である。組織外への個人情報流出防止は、他のあらゆる法人と同様、特殊能力を持つハッカーに対抗することはできず、頭の痛い問題である。

行政庁による立入検査

法改正以前であれば立入検査は主務官庁や担当者の恣意的要因が入り、検査される側には、大きなストレスを与えるものであった。法改正後は、立入検査はあくまでも法に準拠したものであり、内閣府から発行されている「監督の基本的考え方」にも同趣旨で次の四点が記されている。

(1) 法令で明確に定められた要件に基づく監督を行うことを原則とする。
(2) 法人自治を大前提としつつ、民による公益の増進のため新公益法人が新制度に適切に対応できるよう支援する視点を持つ。
(3) 制度への信頼確保のため必要がある場合は、問題ある新公益法人に対し迅速、かつ厳正に対処する。
(4) 公益認定申請等の審査、定期提出書類等の確認、立入検査などあらゆる機会を活用して法人の実態把握に努める。

したがって今まで述べた順守すべき法令や定款・内規に従い、公益目的事業を効果・効率的に実施していること、評議員会や理事会の運営、議事録作成をルール通り実施していること、財務三基準を始め認定法五条の十八基準に適合していることを実態に従って明確に説明することが求められている。指摘を受けたときは、それに従って改善すれば、当該法人は組織として成長することとなり、従来に比し健全な姿にレベルアップする。行政庁と各公益法人が相互信頼と納得のもと、ガバナンスとコンプライアンスレベルを年々向上させることが、本来の法人制度改革の主旨と考えている。

3　社会の活性化

法人も法的には人であるので、社会の構成員としての責任が発生する。法令順守や税金の納入等消極的責任以外に、社会の一員として積極的な社会貢献活動の責任もある。活動する以上は明確な効果を、とは誰もが思うことである。公益法人が公益目的事業を推進するのは当然であるが、株式会社の多くもCSR活動を重要活動と位置付けている。それらの関係をコラボすれば、日本の社会活性化にも効果的な影響を与えることができるに違いない。

大企業と中小企業＋起業家

今後の環境変化で最大のものは、本文内で何度か取り上げた人間の従来の労働がほとんどすべてＡＩ、ＩＴ、ロボットに取って代わられるという未だかつて経験したことのない世界であり、その出現がほぼ確実なことである。そこでは、偏差値の高さで安心していた大量の人間も、ビッグデータ（膨大な過去の事実データ）＋ＡＩによって、職を追われる可能性が高い。過去データのないクリエイティブな課題こそ、人間の中心的な仕事となることもほぼ確実である。

イノベーションに関して注意すべきは、創造的な仕事という言葉が持つ、特殊な鋭い頭脳が必須、というイメージの払拭が必要ではないか。ノーベル賞受賞者や著名デザイナーの創造力だけが、ビジネスイノベーションを創り出すわけではない。ちょっとしたアイデアともいえるホチキスは二百年以上、ゼムクリップも百年以上の歴史を持ち、今も圧倒的需要を誇る文房具である。インスタントラーメンは食生活を変え、宅配便やコンビニエンスストアは、生活スタイルを大きく変えた。パソコンから余分なものを除去したスマホは世界を変えてしまった。

創造力のレベルではなく、社会に与えるインパクトの大きさの評価がビジネスにとっては重要となる。構想力や起業、マネジメント力の問題はあるが、常に新しいことを考える、他人と同じことはしないという生活習慣の中で思いついたアイデアがすべての原点である。生活者の生活空間にも無数の創造性が要求されている。その認識が日本社会の隅々にまで行きわたったとき、すなわち創造性の重要性が世論になったときにはじめて、出る杭を打つという悪しき価値観を衰退させることができるに違いない。

新しいこと、いずれ大きくなると思っても小規模スタートのものは大企業にはなじまず、本気で取り組むことはまれである。医薬品の開発ベンチャー企業社員数が、大体数十人程度であることから考えても、大企業はイノベーションの展開や支援はできても、イノベーションそのものが得意とは言えない。起業に対する挑戦の重要性に対する社会的コンセンサスは出来つつあるが、その支援体制や失敗者の再挑戦支援体制の整備は不十分である。

大企業もスタートは起業であり、中小企業も経験したはずである。起業家支援こそ自らの経験を生かす超重要CSR活動と位置付けることが、大企業にふさわしいミッションである。大企業や複数の公益法人等が協力して実践重視文化が根付いたコミュニティを形成し、そのコミュニティ内に居住する創造的住民（志ある起業家）が、自由でフランクなコミュニケーションを前提に思い切った起業実践行動を行う、また失敗時にも過去の日本文化の冷たさとは異なり、再起支援保険や安心感を与えるコミュニティをグローバル視点で拡大していくことが、日本の一つの突破口ではないだろうか。その支援活動こそ大企業の社会貢献としてもっともふさわしい。

株式会社と公益法人＋起業家

法人を営利―公益（＝社会貢献）軸でプロットすれば図26となる。営利事業として成り立つ事業はすべて株式会社を中心とする営利法人が担い、営利事業として成り立たない事業は、公益法人やNPO法人が発生経費を確保できる事業モデルを立案して行う。それでも救えない社会的事業は、社会全体すなわち政府・自治体や民間のボランティア活動で行う、というのが一応の見取り図となる。

人間の根強い利己心を積極的に活用し、営利法人を中心に社会を活性化しようとするのが資本主義である。営利法人がエゴ剥き出しの活動を行えば、争いだらけの社会となるため、様々なルール順守がすべての法人に義務付けられており、ルール違反者には当然罰則も適用される。

それでもなお利を求めてルールを意図的に犯し、社会貢献（＝公益）に反する行動をする人は絶えない。それを下向きの矢印で表した。図26の両法人グループとも構成員や組織が下に向かおうとする力を様々な手段で抑えながら、事業を行っているが、利益を確保し富の分配を存在目的とする営利法人の方が、組織全体を下へ引っ張る力はやや強いと思われるので、それを矢印の大きさの差で表した。

モノづくりで世界を一度は制覇し、現在も一定の信頼を獲得している日本の大企業メーカーの相次ぐ不祥事（ビルの基礎の杭打手抜き工事、免振装置ダンパーや自動車・製鉄・化学の品質保証データ改竄、さらに日本人ではないが世界的自動車メーカートップの報酬の隠蔽等）には驚かされる。これら事件の詳細は不明であるが、利益獲得プレッシャーと当事者の利己心が影響していることは否定できない。

不祥事発生の結果、業績が長く低迷し、倒産の危険もあるとすれば、利益のために巨額の損失を招いたこ

図26 非営利法人―営利法人の現状

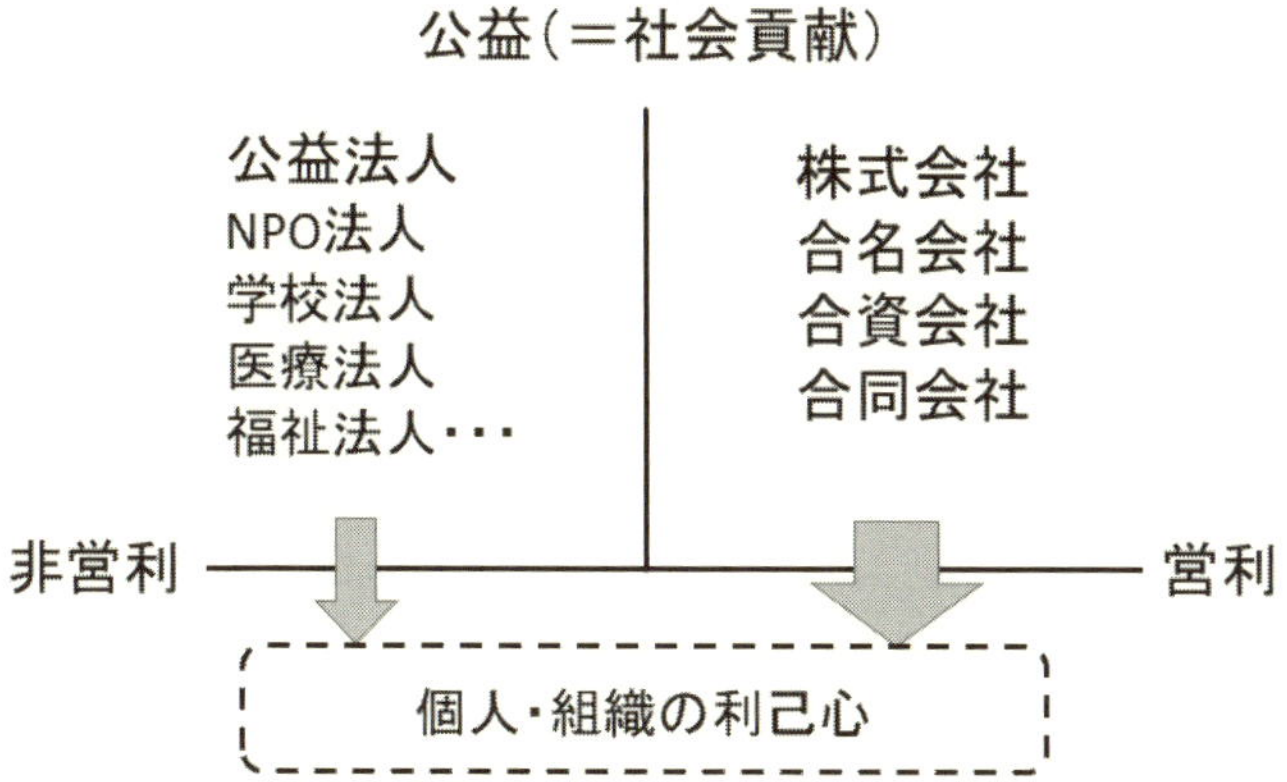

とになり論理的にも矛盾している。社会を欺く行動は、企業の存在意義を疑わせ、利益獲得の逆の結果を招くことは、過去の夥しい事例から分かっているはずなのに、不思議な現象である。強いて言えば、利益といっても短期的利益しか考えることができず、先を読むことを怠る愚か者が人間ということになる。二つの下向き矢印には、人間の利己心のなかでも、短期的利益志向が長期的大損失を招くことを加筆しなければならない。

営利法人、特に株式会社の社会的影響力の大きさは群を抜いている。その株式会社に以上のような不祥事、つまりトップ自身の犯罪や組織ぐるみの犯罪が日常茶飯事のように続くと社会全体の倫理観にも大きな影響を及ぼす。見つからなければ、悪いことをしてでも金目当てに動こうと思う人が増えることになる。利益を挙げるようプレッシャーをかけるのは株主としても、実際にコンプライアンス違反行動をするのは、役員と従業員を含めた社員である。不祥事を防ぐキーポイントは、社員の行動の結果得た利益の分配のうち、経営者自身の報酬についてのアカウンタビリティを果たす習慣をつけることではないかと考え、次章でさらに説明する。

もう一点はルールを無視して行動した企業の方がより儲かるという構造を、どのようにして打破するかにある。先述した短期的利益志向が長期的大損失を招くことが身に沁みればそのようなことはしなくなるが、その場合でも、当事者はバレなければうまく行ったのにと考えているかもしれない。それを防ぐには、実践知26で述べたように、社会が企業評価項目の中でオープン度の重みに注目する、つまりオープンマインド経営企業を評価し、そうでない企業を低く評価する、まして組織ぐるみ不祥事の場合は社会的に強く糾弾される習慣が徹底される以外にない。株式市場は今や富の追求だけのグローバル市場に取り込まれており、あまり期待することはできない。クラウドファンディング等の新しいお金の流れの拡大と、支援するネットワーキングに注力し、起業家の最大のハンディキャップである社会的信用度の低さを、公益法人がカバーすることが一案である。そのためには内閣府の協力の下、公益法人自身の社会的信用度を着実に上げていく努力が強く求められる。

図26で組織全体を下へ引っ張る力が相対的に弱いとみなされる公益法人にも、二分の一までは営利事業（税の減免措置は当然なくなる）を行うことが認められている。もし公益法人による営利事業の方が不祥事は少ないということになれば、株式会社にもよい影響を与えることになる。その分野で営利法人と公益法人が競争し、優れた方が生き残ることは、社会にとって望ましい。

一方、自治体や公益法人が無償で外国人観光客の世話をするボランティアを大量に集めれば、外国人相手の観光ビジネスには打撃となり、フェアな競争とはいえない。実際問題が発生するたびにこの営利・非営利のバランスをどう取り、実態に即した問題解決をどう実現していくかがその社会の持つ力である。その意味では、グレーゾーンの存在は、その社会が自らの力を鍛えるためにも常に必要である。

株式会社（営利法人）と公益法人（非営利法人）の行動は、今後とも注目されることになる。ただしその法人を構成しているのは個人である。その個人が、自分自身の評価＝周囲の評価という因習に縛られ、「出る杭は打つ」空気に怯えながらおずおずと行動するようでは、変革は期待できない。株式会社のCSR活動や公益法人の事業範囲の拡大に加え、強欲も清貧も否定する清く豊かな事業と人生を目指す、志ある起業家の実践重視活動によって、日本社会の活性化の突破口としたいものである。

第3章

〔仕事＝自己実現＋社会貢献〕時代の起業

1　起業家の仕事

起業が成功する確率は昔も今も高くない。その低い確率の目標にチャレンジする見返りとして得られるものは、自己実現の可能性に加え、その達成過程でも、他人に指示されず、自己責任に基づく自由な生き方ができることにある。その上、この自己実現の内容自身に社会貢献の志がビルトインされていれば、その目標達成に全力で邁進する人生はもっとも意義ある生き方の一つとして多くの人々の評価を得るに違いない。その志ある仕事による事業の成功は、幹部社員・社内外専門家・ステークホルダーの役割を的確に見定め、個人と組織の自主的行動を、起業家自身の志に集中させることにある。

自己実現起業

自己実現といえば、必ず出てくるのが図27のマズローの欲求（五）段階説である。最初の論文発表からすでに六十年以上が過ぎているが、人間の本質を見抜いた内容のためか一向に色褪

図27 マズローの欲求段階説

せず、繰り返し引用されては様々に修正されている。

軌を一にする諺《ことわざ》に「衣食足りて礼節を知る」(紀元前七世紀 管子) があるが、衣食の不足・充足の二段階ではなく、もう少し考察を深めておけば、世界の常識になったかもしれない。マズロー自身は欲求段階を述べただけなので、その表現は四角形でも台形でもよいのに、この三角形図が世の中に行き亘っているのは、横軸を人数と見れば余計常識に合致するからであろうか。但し先が尖がった三角形には、それより上はないというイメージがあるので、第五段階部分だけは台形にすべきという説もある。

図27では先が尖がった三角形を採用し、しかもその上位欲求のコミュニティの発展・隣人愛を、直線を引き延ばして表現している。そうすれば横軸が人数という仮説は合わなくなる。さらに欲求段階は一段ずつ昇らねばならないとい

う思い込みが浸透していると心配する人もいるが、生理的欲求と安全の欲求が満たされていなければ、所属と愛の欲求は出てこないなどが虚言であることは、わざわざ調べなくても自分自身を振り返り、周囲の人間をよく観察すれば、すぐに分かることである。

以上いろいろの意見を紹介したが、ここでの目的はマズローの言いたかったことの究明ではなく、これからの時代にふさわしい人生観、価値観の検討であるので、マズローの話はこれ以上述べない。

自己実現とはもっとも簡単に言えば、持って生まれた自分の潜在能力や個性を実現していくことである。一人ひとりの顔や指紋、掌紋が異なるように、個人の潜在能力や個性に同じものはない。その潜在能力や個性を実現していくことは、誰にとっても素晴らしいことであり、反論する人はいない。しかしながら、所属する組織や社会、様々な人間関係がもたらす規制のなかで、その追求は生やさしいことではない。というよりも、価値観がぴったりの状態で仕事をすることは、確率的にはかなり低いと言わざるを得ない。

とはいえ、小説家、芸術家、研究者、学者等の中には、好きなことをして満足した一生を過ごす幸せな人がいたこと、いることは事実であり、そのような人々を見聞きした一部の若者が、自分探しの旅を続けていると思われる。ただ彼らが自分自身に対する深い洞察なしに、自分探しの旅を続けているのであれば一生見つからない可能性が高い。自己実現とは宝探しのように、「とうとう見つけたぞ!」というものではなく、行動後に深い満足感とともに、「とうとう見つかったぞ!」とつぶやくものに違いない。

このような、確率が低いとはいえ明らかに実在する人々以外に、自己実現イメージに最も近いのは、現代の世界各国や歴史の中に登場する絶大な政治権力を掌握した権力者と、民間宇宙旅行一番乗りのような大金持ちであろう。前者は、身の危険を感じながら生きることを強いられる場合が多いようであるが、後者は、何の躊躇《ためら》いもなく自己実現のためのあらゆる機会を利用することができる。だから誰もがお金を求め、そしていつの間にか、手段であるお金のための人生を送るようになっても気づかず、遂には、人の心も金で買えると放言する金持ちが出現するに至ったといえる。人の心を金でいつでも自由に買える立場（＝裸の王様）になったとき、心底満足感を覚える人が、どれだけいるのであろうか。

以上述べた三者（従来から存在する幸運な自己実現者、権力者、大金持ち）以外に、現代特有の自己実現の可能性の高い道が起業家である、ということが本書でアピールしたいことである。

バブル崩壊までの日本経済は、護送船団方式下の大企業とその下請構造のもとで発展してきた。その後は、銀行の倒産再編成、メガバンクの大量人員削減等々の一方で、日本航空の倒産や外国資本によるニッサンやシャープの経営権の獲得、またソフトバンクや楽天といった新興企業の急激な成長、アマゾンやグーグルのような世界を配下に収めようとする巨大企業の登場といった新しい状況が次々と生まれている。

世の中が自分の計算通りいかないのは当たり前であり、急成長側にいるも倒産側にいるも運次第という側面は否定できない。仕事は真面目にして成果も上げていたのに、会社が倒産したのでクビと言われたとき、せめてその倒産過程の当事者でありたかった、と思う人は企業家魂の持ち主である。

営利事業と社会貢献

起業家は、基本的に営利事業（株式会社経営）を行う。立上げ時期を過ぎれば、起業家も企業家となるので、起業時の志を忘れずに事業を展開することが重要となる。企業は稼いだ利益を中心に、法に従い税金を国に納めている。それは、企業が社会に貢献していることを示す疑いない事実であるが、できる限り税金を多く納入して社会に貢献したいと考える企業は存在せず、法人税率が引き下げられれば皆、喜ぶのである。

税金納入は、使途を特定できないため、法に従うだけの義務履行となることはやむを得ない。目的や使途を自ら指定できず別人（行政）が決定するとき、税金を拠出する側が、ルール通り義務だけ果たそうとするのはノーマルな対応であり、個人も法人も同様である。政府もその社会的コンセンサスを前提に、自動車税を引き下げて自動車の売上増を図り、特区を作って事業者を集める政策を実施している。

それ以外の社会貢献活動として、メセナ、フィランソロピー、CSR等、時代とともに様々な動きがあったが、いずれも企業業績が悪化すれば衰退するイメージが従来は強かった。その上、利を巡る営利法人の不祥事が世間を度々賑わすと、企業の社会貢献活動についてはうさん臭さが拭えず、明快な答は整理されていないのが実態である。

とはいえ、構成員間で分配する利益獲得のためだけに企業は活動する、という表現が正しいとは言えない。その利益を稼ぐ事業は、製品であれ、サービスであれ、広い意味では社会に役立つものを提供しているはずであるから、社会に役立つ＝社会貢献にも当然熱心となる。また、各社が勝手に行動すれば社会が混乱する場合、業界内統一基準を作るための活動費用を拠出することもある。また、ＣＳＲ活動も、強制されてやっている活動ではなく、企業の社会貢献意欲からの行動である。結局、企業活動は次のようにまとめられる。

①企業が取り組む事業（製品・サービスの提供）は、すべて社会貢献活動である。
②社会の一員（一法人）として、法に従い税金を納めて社会に貢献する。
③自社特有の役割と見なせば、企業はお金を使い、社会貢献行動をする。
④この三項目の実施と構成員へ分配するために、利益の獲得活動を最優先する。

企業のＨＰが社会貢献的主張で埋まるのは、①、②、③がその理由であるが、③のように、支出を自主的に決定できるときには、利益が減少しても必要と自ら判断したお金を、社会へ提供する個人・法人は一定数（その人数がその社会の成熟度を示す）存在する。

東日本大震災時に、外食産業Ｓ社では集めた寄付金を誰に渡すべきか自ら検討した結果、親を亡くした子供に渡すことに決め、その寄付金の配分行為を着実に実行してくれると思われる公益財団に寄付した。日本赤十字社やＮＨＫ、福島県庁等へ寄付金を持ち込む人も多いが、これらの組織は、立場上、援助の迅速性よりも、被災者へのフェアで平等な配分、恣意的と非難されない、という縛りが非常に強い組織である。そこでこれら動きの鈍い団体への寄付を止め、公益法人へ寄付することに決めた。

ところが過去のデータから予想されることは、虚偽申請が申請者の二割を占めること、また両親は行方不明であって死んでいないと言い張る子供も一定数いると聞き、悩んだ末に、寄付金の八割が正当な震災遺児に渡ればよし、と考え決断したとのことであった。ぼんやりと寄付するのではなく、自らの思いを明確にして、相手先まで検討・判断すべき時代になったことと、企業は自らが社会貢献内容を決定できる場合には積極的に行動する事例である。

人間の利己心は根強く、今後とも利己心から犯罪に走る人がなくなることは期待できず、その対策としても従来通り倫理教育や刑法を中心とする法令の罰則執行以外なさそうである。問題は個人ではなく、製品品質データの長期に亘る改竄《かいざん》等の組織ぐるみ犯罪である。その防止には、④で述べた利益の獲得を最優先する株式会社経営が、役員を含めた全社員の行動指針をどう設定し、どう徹底するかにかかっている。

法人の利益最優先に対する考え方の具体的行動表現として、もっとも分りやすいのが経営者の報酬である。プロスポーツ選手の年俸や、株式会社社員の年収は賞与を含めほぼ年度初めにオープンとなっている。株式会社の役員報酬だけは、決算の結果次第で内容もよく分からない。プロ野球選手の出来高払いのように、役員報酬も利益額は不明でもその分配ルールを株主総会で年度初めに決めておけば、ニッサン会長の逮捕に関わる様々な役員報酬の隠蔽《いんぺい》事件は起こらないのではないか。未来の企業経営者である起業家が、起業時の志に基づいて自分の報酬のアカウンタビリティを果たすこと、それを通じて組織ぐるみ犯罪とは無縁の企業風土を確立していくことが、現在ではもっとも影響力の大きな社会貢献行動かもしれない。

報酬のアカウンタビリティ

株式会社を中心とする営利法人は社会貢献やCSRといったことに関心を持っているものの、富の分配を目的とした法人であるため、業績好調企業の役員はかなりの報酬を手にする。それに加え、利の追求の偏重から起こる様々な不祥事（お金を先に受け取りサービスを提供せずに倒産した和服賃貸業者や旅行エージェント業者、建設パイルの手抜き杭打作業・免震装置・鉄鋼・自動車等大企業による品質データ改竄等々）を目の当たりにし、格差による嫉妬心が手伝うと、営利法人の事業は基本的なところで信用できないという一般のイメージは拭い難くなる。

アメリカの強欲資本主義が素晴らしいと思う人は少ないはずであるが、おずおずと近づこうとしているのが日本の実態である。常に五年遅れでアメリカを追いかける国も、個性のない不気味な国である。ただし寄付については、文化や税法を理由に追随しないので、都合の良いところだけアメリカの真似をする人々と、見なされる。

現在の日本社会の大きな問題は、年々拡大する経済格差である。こういえば、アメリカはもっと凄いとすぐに反論する人がいるが、その理屈でいけば日本には永遠に格差問題は起こらない。アメリカ社会はアメリカ人が考えることであって、日本には関係がない。問題を直視せず、自分に都合のよい欧米の事例によって他人を説得しようという典型といえる。

正解のない社会課題に対し、実践を伴って次の時代を切り開いていく起業家は既存価値観からは自由な人間であり、それが「起業家は社会発展の原動力」という意味でもある。社会貢献と報酬に対する社会のコンセンサスができれば、社会のエネルギーを前向きに結集でき、グローバルな発信力の強化にも繋がることになる。

社会的観点からも、コーポレートガバナンスの観点からも、報酬に対するトップ自身の思想表明とその社会的コンセンサスの獲得は、これからの社会にとってかなり重要案件である。資本主義では、知恵と行動力とリスクテイクの結果、いくら受け取ろうとどう使おうが基本的に自由であるが、ＣＳＲを強調する企業であれば、報酬に対する考え方を株主総会だけでなく、ステークホルダーに説明する責任がある。

松下幸之助は、七十億円の資産を寄付して松下政経塾を作った。政経塾を作るにはキャピタルゲインを含め、高額の報酬が必要となる。政経塾であろうと月旅行であろうと、使い道を決めた資産を形成するために報酬を得ることは、ルールに従っていれば外部から特に文句を言われる筋合いはない。

報酬は成果と利益に応じて決めるので上限はなく多ければ多いほどよい、喜んで受け取るという考えも、それはトップの一つの世界観を表明しており問題はないが、説明責任を果たす必要はあるのではないか。年収二千万円の中小企業の社長が、五千万円欲しいと希望することは、健全な欲望である。その際、利益がもっと出たときはやはり一億円は欲しいと考えているのであれば、目標報酬限度額を一億円と設定しておくことには意味がある。一億円という報酬の使い道を考えるクセがつくからである。お金は貯めることには意味がなく、使うことによって得られる満足感に意味がある。その使い道のイメージが明確であれば、仕事に対するモチベーションもさらに高まる。

高額所得者と見ればすぐせびろうとする輩もいるので、報酬限度額は公開する代物ではないが、「使いきれない富の蓄積に人生のすべてを捧げる愚かさ」に捕縛されないためにも、関係者に対し、自ら設定した報酬限度額の説明責任を果たすことには意味がある。その限度額以上の報酬機会が出現したとき、もっと欲しいと思うのは凡人の悲しさであるが、社会的責任が大きい法人トップとしては内省のしどころである。すなわち思わぬ利益額を数値で見たとき、自分の脳に浮かぶのは自分が欲しいと思う報酬額だけで、その報酬額の使い道はまったく浮かばないとすれば、余り充実した人生を送っていない可能性が高く、日頃のライフスタイルに問題があると考えるべきではないか。

メダルを獲得したスポーツ選手は、インタビューで、私の努力と実力で取りましたとは言わず、「多くの人の支えがあって」という。経営者の場合は、そのような謙虚な人は少なく、アメリカ人はもっともらっているという人が多い。それも、今にアメリカ人を追い越してやるという気概のある人が少ないのは、気に懸かることではある。

ニッサンのゴーン会長が逮捕された。ニッサンの業績をＶ字回復させ、日本政府から藍綬褒章まで受賞した、世界でトップクラスの経営能力があると見なされていた人物が、計画的に報酬を隠蔽し虚偽記載していたことが事実であれば全くの驚きである。法律違反なのかどうかについては司法に任せる以外ない。日産は役員報酬を決める「報酬委員会」を設置せず、株主総会で承認された役員報酬の役員間分配権限もすべて会長が握っていた事実よりも、それを故意に隠蔽していたことを問題とすべきである。

人間の欲望は無限であり、その実現には無限の富が必要と考える人がいる。毎年十億円の報酬に加え世界各地の豪邸や、それ以外に何十億円の資産を増やそうとしていたとのことであるが、限度のない欲望の原点は何か、この事件は今後どう展開するのか到底読めない。個人や法人の犯罪でケリがつくのか、さらには様々な Responsibility 観点からの経営者行動にまで議論が深化していくのか、興味深い。

犯罪行為は隠蔽しなければ即逮捕となるので、犯罪者は当然隠蔽する。それを防止するには、本人が公正、妥当と判断しているはずの報酬についての説明責任を果たす社会的習慣がもっとも効果的ではないか。Accountable Reward をベースにまともな経営を行い、次世代にバトンタッチすれば富も名誉も得て素晴らしい人生だった、とは思えない人間の方が、普通なのであろうか。

そんなまともなことを本気で言っていると、ビジネスはやっていけませんよ、という周囲の声が聞こえてくるが、その謂れなき漠然とした空気に負けるのが日本文化の欠点であり、個の創出を嫌う原点でもある。富が目的に変質すれば、他人の足を引っ張り、法のぎりぎりの範囲内で詐欺まがいのことをする輩も出て来ることになる。悪いことをすれば悪い結果が返ってくるという因果応報は善人が信じたい諺であるが、残念ながら事実はそうとは到底言えない。権謀術数を操り、ライバルを蹴落としてうまい汁を吸う人は、過去にも未来にもゴマンといる。ただしそのような行動の結果得た状態をシメシメと思う経験を積み重ねれば、その価値観からは逃れられない。

つまり社会のためなどと考える人々を愚か者とみなす人生観を、一生抱いて人生を終えることだけは確実である。その人生をよしとするかどうかは、本人しか決められない。

手段であるはずの富の蓄積が目的となり、本来の目的である富の消費について一切考慮することのないまま死に至ることはどう考えても愚かである。その従来の常識を覆すことができるのは起業家である。自己実現とこの世に何らかの意味あるものを残すために、必要な金を稼ぐことが正当な行為であることは、揺るがぬ事実である。

人間は一人では生きていけず、仲間・集団・組織・社会と自分との関係を、一生涯を通じて問われ続ける。法人が獲得した利益は、どれだけ巨額になろうとその使い道は、いろいろ考えることができるが、個人の場合は、自分の欲望や自己実現を含め、使い道は死ぬまでの話である。いくら稼ごうとあの世に資産を持っていくことはできない、多過ぎる資産を子孫に残せば争続となるか、金額によっては子供の人間的成長の邪魔になる可能性もある。

若い時から自分の人生観、世界観を考える訓練が必要、と言わざるを得ない。やはり新しい価値観を持つ起業家が、成功を収め、新しいネットワークを形成し、実践を通じて世の中をまともに変えていくことへの期待が大きい。行動指針を一言で言うのであれば、「金儲けのために仕事をするな、志ある仕事をするために金を儲けよう」ではないか。

起業家の〝責任〟（責任の意味）

利潤を追求し稼いだ富を分配することを目的とする企業が、税金の支払義務以外に社会貢献のためにお金を提供する行為は、企業自身が社会の一員であるという意識がなければできない。その意識がどこから出てきたかといえば、その企業の創業期、すなわち起業したときの創業者の思い＝志から出てきたケースが多く、その志を企業組織内に浸透させ事業を継続してきた歴史が背景にある。

どんな企業も社会の一構成員であり、自社の歴史の中での存在であるという事実は揺るがない。それは重いものを背負っているという意識と同時に、事業と企業の未来への強力な推進エンジンでもある。起業家は企業経営者になる前に、創業時の志を経営理念に構成し直す仕事が残っている。その理念に基づく経営の実践と、従業員への浸透を着実に行い、ステークホルダー全体にも発信して、さらなる事業発展と企業成長を実現していくことが、最重要責任である。社会で生きていくには、様々な責任を果たしていくことを求められる。企業に限ったとしても、責任は社長だけにあるわけではなく、役員にも部長にも新入社員にも責任がある。ここではまず、責任というコンセプト（概念）について検討しておきたい。

「責任」は人により解釈が異なる場合もあり、社会人やビジネスパーソンとしてももっとも難しい言葉の一つである。難しい言葉であるにもかかわらず、社会のあちこちでしばしば用いられる。世の中には、無責任な人が確かにいる。成人式の晴れ着レンタル料を先払いさせておきながら、資金がショートし約束を果たせなくなったと姿をくらます経営者に、被害者はもちろん、非当事者も無責任だと怒りを集中させた。結局、詐欺罪で逮捕されたが、被害者の被害額からいうと、専門詐欺師グループによる振り込め詐欺の方がはるかに多額である。前者には無責任という非難が殺到したが、後者には早く監獄にぶち込んでほしいという気持ちは強くても、無責任非難はなじまない。なぜなのか。

仮に、晴れ着社長が行方不明というニュースが流れた翌日に逮捕されたと仮定すると、逮捕後に無責任非難合唱は起こらなかったのではないか、つまりみんなに迷惑をかけるケシカラン事件が発生したのに、みんなの非難と罰を一手に引き受ける個人（または顔が見える範囲の複数個人）が不明確な時、社会的不満が爆発するのが日本社会といえる。

責任が問題になるのは、刑法犯罪以外の大きなトラブルが発生したときである。犯罪であれば、刑法による罰則があるため事態を静かに見守ることになるが、罰則追及ルールが不明確なときには、「責任者は誰だ」「責任を取れ！」という大合唱が起こる。〃このような事件は二度と起こしてほしくないので〃という発言はあるが、その後再発防止策を合唱者みんなで必死に追及したという事例は、あまり聞かない。それよりも責任者の特定、糾弾、制裁に猛烈なエネルギーを注ぎ込む姿は、過去の事故責任者の無責任行動を見てきた人々の怒りがベースにある。

ここで議論したいことはそのことの正否ではなく、このスタイルが生み出すものである。日頃の行動の第一優先順位基準が責任回避、すなわち責任追及対象にされる状況にだけは身を置かないよう、常に細心の注意を払う生き方となるのは自然な流れである。その結果、個人は「自主的に行動する力＝生きる力」を失い、組織や社会は、不活性化される。

英語のResponsibilityは、語源がresponse（応答・反応・回答）と同じで、十八世紀末に初めて出てきた結構新しい言葉である。基本は、ある約束に対する応答・保証という、人と人との約束事を意味し、十六世紀以降のヨーロッパの自由と民主主義のベースにある個人（individual：分けることができない）が前提にある。個人が重要とはいえ、人間は一人では生きていけないので、Responsibilityは生きていく上での重要コンセプトとなる。Responsibilityの本来の意味である応答可能性や責任感の範囲と関係を、日頃どう考えているかがトップマネジメントには問われる。

責任の議論になると、どうしても内容を明確に文書で記述し、それを果たさない場合は責任を取って辞任する、弁償するといった罰を与えることが中心となり、話は後ろ向きになる。

明治時代、西周《にしあまね》がResponsibilityに責任（権力者から一方的に重荷を背負わされる）という暗い訳語を当て、明治二十年頃から法令に適用されるに従い、社会でも広く使用されるに至った。この誤訳の宿命のなかで、日本は後ろ向き文化を背負って生きてきている、といっても言い過ぎとは思えない。

今夏、明治維新を推し進めた長州藩の萩市を訪れた。吉田松陰が師と仰いだ、という枕詞の付いた村田清風記念館という建物に入ったところ、説明看板の最初に「村田家は祖父から父へ、二代にわたって、財政の整理や執行の責めに当たるという……」という文章があり、こういう言葉遣いはあまりなじみがなかったので驚いた。仕事を担当することを「責めに当たる」というのでは、元気いっぱいエネルギッシュに仕事に取り組むイメージは生まれない。そのルーツが元々あった上に、Responsibility＝責任の翻訳が追い打ちをかけたのかもしれない。

　コーポレートガバナンスに関して、経営執行者側の思い込みに基づく行動を、社会の常識に従ってチェックする社外取締役がしばしば話題になる。相次ぐメーカーの品質データ改竄事件等について、日常の業務から離れている社外取締役が、隠された事実を見抜いて的確な指摘を行うことは至難の業である。

　ただ内部通報によって明らかにされた事実は、企業にとっては正常に戻るチャンスを与えられたはずなのに、組織内では内部告発者に対する報復人事がしばしば行われる。その組織内価値観に基づく誤った行動を是正することこそ、社外取締役の格好の仕事となる。まさに社外取締役だけが Responsible な（応答できる）仕事である。公益通報者保護法に基づき内部告発内容精査と報復人事（解雇・降格・減給・不当な転勤等）へのチェック機能を果たすことを第一歩とすれば、役割が疑問視されている社外取締役も十分その責任を果たすことができるチャンスである。Responsibility を持つ人間が、社外取締役以外いない状況にいるのである、社外取締役が自らの立場を振り返れば、その状況を認識できないわけがない。責任とはそういう意味ではないか。

　福島第一原発事故から三ヶ月後、「東電、原発事故責任認めず」という社内調査委員会の調査結果記事が日本経済新聞に大きく掲載された。「あれだけの事故なのになぜ？」が庶民の第一印象であるが、認めれば刑事事件となって前科一犯社員を輩出することになる。常識で言えば、「責任は当然ある、ただし刑事犯とするまでの法的責任はない」であろうが、そのような言い回しを認めない社会を我々はつくってきた。

Responsibility 以外にも、Liability や Accountability にも責任という訳語が付いている。Product Liability（製品責任）という言葉が最近はあまり話題にならない。それに引き換え、Accountability（説明責任）は大流行である。それはなぜなのか。日本では（できる限り高い地位の）「責任者」に罰を与えたいという風土が定着したのはなぜか、部下が不祥事を起こしたとき辞任するのはどういう場合か、正解のない問題に対し、起業家は一度自分なりに頭を整理しておくべきである。少なくとも、日本型の責任は自分が考えた論理だけを貫き通しても意味ある結果は得られず、広い意味の周囲（悪意ある周囲も多いので要注意）の納得度との関係に対する判断がキーとなることだけは記憶に値する。

政治家の不祥事に対しては、「政治家の出処進退については本人が決めること」とよく言われる。一般社会人も同じだと思われるが、なぜ政治家だけがそう言うのかよく分からない（懲戒解雇が滅多にないことを意味しているのであろうか）。元々トラブルが起こったときに罰を与えるという暗い意味を持つ「責任」を改め、応答可能性からの自主的判断による行動へと「責任コンセプト」を改め、徹底することによって組織を活性化した方がよほど社会的意味も大きい。

活性化された組織、元気な組織では、メンバーが自ら責任を持とうとする。というよりも自ら責任を持とうとするメンバーの多い組織が強い組織である。トップマネジメントや社外取締役の行動を身近に見て学んだ幹部社員やその他全社員が、自分自身の問題として内省を繰り返すなか、直接社外の人間と対峙する現場の一人ひとりが組織の代表意識のもと、責任ある行動を取ろうとするなかで強い組織はできていく。

個人的経験を振り返ってみても、自ら責任を持ち自主的に行動した仕事がもたらす充実感を経験した人生と、責任回避のため逃げ回ってばかりいた人生とでは比較にならない。強い組織風土のルーツは、起業が企業に代わるとき、すなわち組織風土形成期のオーナーと幹部社員のビヘイビアこそが最重要ポイントである。本書では、責任が暗い意味ではないことを強調するため、責任をマーク付きにして、〝責任〟と表現する。

欧米・中国・韓国に遅ればせながら、日本でもキャッシュレス社会が浸透しつつある。あらゆる仕事がスマホを通じて行われる便利な社会実現の負の部分が、それを利用した様々な詐欺まがい行為である。満室になっている国内の旅館やホテルを、サイト上では「空室あり」「予約取消不可」と表示し、架空の予約受付を行っていたホテル予約サイトの事件が報じられている。発信者・事業者の信用・信頼が行きわたっていれば、ネット社会は多くの人々にそれまでになかった満足を与える。その信用・信頼が事業規模の小ささのため、得られにくいことが起業家の一番の弱点である。逆に言えば、一定の事業規模に達するまでは、社員数が十人でも百人でも一人の例外もなく、社会の信用をなくす行為を一切させないリーダーシップと、得られた信用・信頼を顧客やあらゆるステークホルダーに告知し、徹底する方策が起業家にとって最重要項目となる。それを支える基盤が起業家の「志」である。

志の英語はKOKOROZASHI

「志」の英語は、クラーク博士の“Boys, be ambitious!（少年よ、大志を抱け）”以来ambitionとなっている。クラーク博士がアメリカ人であることから、彼は普通の米語で話したに違いない。そうすれば、ambitiousは、限りなく野心的というニュアンスに近く、日本人が好む志とambitionは同義ではないと考える方が正しい。

クラーク博士が札幌農学校で、学生に向かって、「少年よ、大志を抱け」と言った後、「それは金銭や我欲のためにではなく、また人呼んで名声という空しいもののためであってはならない」と述べたという説があるが、その説には根拠がないと、北海道大学のＨＰにはある。日本人の誰かが付け加えたのであろう。付け加えた理由は、金銭を空しいものと決めつけると日本人の多くが喜ぶことを知っているからこそ迎合したと思われる。金儲けが大好きなアメリカ人と、お金は空しく軽蔑すべき存在とし清貧志向に傾く日本人との差は大きい。ただし、お金に関してアメリカ人は言行一致であるが、日本人は、表面は無視しながらも、その獲得への執着心や行動エネルギーが弱いとは到底言えない。それは言行不一致というより、志コンセプトを深化させ社会に浸透させようとする努力不足である。

ナイフやフォークが日本語になり、JUDOやTSUNAMI、SUSHIは日本語がそのまま英語になった。ある言語になかったコンセプト（概念）が、言葉ごと取り入れられるのはごくノーマルなことである。外国語の日本語化の逆事例として記憶に新しいのは、ケニアのノーベル平和賞受賞者ワンガリ・マータイが国連で唱和させたMOTTAINAIであり、東京オリンピック招致に活用したOMOTENASHIである。

明治時代初期、欧米文化が流入してきたとき、日本語にはなかった言葉の翻訳に知識人は随分頭を悩ませた。社会、責任はその過程で出てきた言葉であるが、コンセプトを誤解させる「無理矢理翻訳」よりソサエティ、レスポンシビリティという言葉を流通させた方が、日本人の精神構造を健全にした可能性が高い。

最近では、「生きがい」の適切な英訳が難しく、IKIGAIになりつつあると聞く。「志」という言葉は、使いきれない富の蓄積に人生のすべてを捧げる愚かさを指摘するという意味を含み、まともな行動のエネルギー源にもなる素晴らしい言葉である。KOKOROZASHI以外に適切な英語はない。〝富と志のバランス〟について国内で社会的コンセンサスを作り上げて海外に発信することができれば、世界に影響を及ぼすコンセプトを持つ言葉として、KOKOROZASHIが世界の英語辞書に載るに違いない。

2　幹部社員の仕事

起業家は社会発展の原動力であり、初期の発展期を成功裏に通過できれば、社会に役立つ事業を継続して実践する企業の社長となる。そのような仕事は一人でできるはずはなく、有能、且つ組織の発展に自らコミットしようとする一定数の社員が必要となる。転職が当たり前時代の幹部社員とはどのような人間像なのか、また、彼らが一般社員に向かう態度は、従来に比して何がどのように変革されるのか。

ピラミッド組織

事業規模が大きくなり社員数が一定数を超えたとき、起業家（今や社長）は最初の関門にぶち当たる。トップがすべての業務を直接管理できなくなるからである。そのときの組織の基本構造は、ピラミッド組織となる。なぜかと言えば、一定規模以上の企業では今日のメシを稼ぐライン業務（基幹業務）の安定が最重要であり、それにもっともふさわしい組織形態がピラミッド組織だからである。ピラミッド組織では、各部署が与えられた機能を果たせば企業全体が目的を達成できるように設計されており、各自が与えられた機能を繰り返し行うため、次第に担当業務に習熟し専門性を深めることになる。想定外の事態が起これば、組織上位者は下位者よりも必ず判断力（情報処理能力）や実行力で優れているという前提のもと、上司に報告し上司が適切な判断と指示を行うことになっている。

基幹業務のピラミッド組織では、現場自身のリーダーシップによって、業務のシンプル化、マニュアル化、自動化によるＱＣＤ（Quality・Cost・Delivery）の合理化に取り組むためのモチベーションとインセンティブの設定が重要となる。その際、人事的理由による管理階層の増大は禁物である。また、特定課題を推進するプロジェクト組織との間で適切な人事異動を行い、組織の活性化に留意すること、そのときトップがプロジェクト業務に力を入れ、基幹業務を軽視するようなビヘイビアを示さないことは、特に注意すべきこととなる。

環境変化が少なければ、ピラミッド組織は合理的で大きな力を発揮するが、環境変化に対する適応力が弱く、組織が硬直化しやすい組織でもある。組織全体をどう機能分類し、個人に分担した職務をどれだけ詳細に記述してみても、社員の能力は一定ではなく、仕事も時代とともに変化するのは当然であるから、ルールに合わない事態や谷間業務がしばしば出現する。それに対して社員が、自分に与えられた任務以外は知ったことではないという態度を示せば、組織は機能不全を起こし、立派な大企業病患者となって衰退への道を辿る。

その動きを阻止し、立ち上げ時の活力維持にリーダーシップを発揮するのが、トップマネジメントであるが、そのトップマネジメント＝社長と読み変えずに自分の仕事でもあると意識し、社長の思考・行動を、常に全社的立場から自主的にサポートする社員が幹部社員である。全社組織の中のある機能を、与えられた任務として強い責任感のもとで果たしながら、会社に影響を及ぼすあらゆる事項について具申し、社内のコンセンサス（社員数が一定数を超えると派閥や茶坊主が高い確率で出現する）に配慮しながら、場合によっては自ら実行する意欲が求められる。幹部社員は、会社へのコミットメントレベルが社長に次いでナンバー２、という強い自覚がなければ務まらない。

組織には、ピラミッド組織以外にも事業部制組織やマトリックス組織、プロジェクト組織、カンパニー制、以上の組合せ等いろいろと考えられる。要は、事業の性格、社員の能力・意欲・気質、組織風土、組織の仕組に期待する重点をどこに置くかを、トップが総合的に判断して決定する以外にない。注意すべきは、会社の業績が芳しくないとき予算配分・人事・組織の三点はトップの専権事項であるので、それに手をつける誘惑に駆られる。予算配分や人事はいつでも元に戻せる可能性もあるが、組織変更は混乱が大きく、簡単には再変更できない。組織変更とは、組織の構成要素である社員は同じでその相互関係だけを変更するものであるが、今、本当に採用すべき効果のあるアクションなのかどうかは十分検討しなければならない。次の文章は一つの参考となる。

「我々は厳しい試練に耐えた……。だがチームがやっとでき始めたかと思うと、その度に組織替えがあるのだった。ずっと後になって、新しい状況に対応するために我々は組織替えをしがちだ、ということに気づいた。これは、あたかも進歩しているかのような幻想を持つには素晴らしい方法だが、それによって実際に作り出されるのは、混乱、非効率、士気喪失である」

この発言は、どんな組織の、どんな立場の人物が、いつ述べたのか想像してほしい。答は、ローマ皇帝ネロ（在位ＡＤ五四～六八）の廷臣ペトロニウスの言葉である。二千年経っても人間は変わらない面が多いことの証でもあり、組織変更を含む制度設計は諸刃の剣であることを示している。人間理解力と人間集団、組織に対する洞察力が要求される。

階層思考・権威・権力・パワハラ

ピラミッド組織図が表す表現方法の中で一貫性に欠けると思われることが二点ある。一つは、図28の組織図では、部署名はすべて長方形で表されている。そうすれば社長も部署名となる。社長の箱を社長室として複数社員を割り当て、そのボスを社長とすれば一貫性は保てるが、実態にはそぐわない。それとも社長はやはり個人であるとすれば、各本部も本部長と書いた方がよい。社長だけはなぜ個人なのかは、よく分からない。組織図における社長の箱は、個人なのかそれとも部署名なのかという質問の答は、次のように考えられる。

・社長の箱が表すものは、トップマネジメント機能である
・トップマネジメントは企業のすべての行動・結果に〝責任〟がある
・トップマネジメント機能を果たすのは、通常の企業では社長個人である

トップマネジメント機能を社長一人で果たすかどうかは社長が決めることである。客観的に

図28 階層的組織図の表すもの

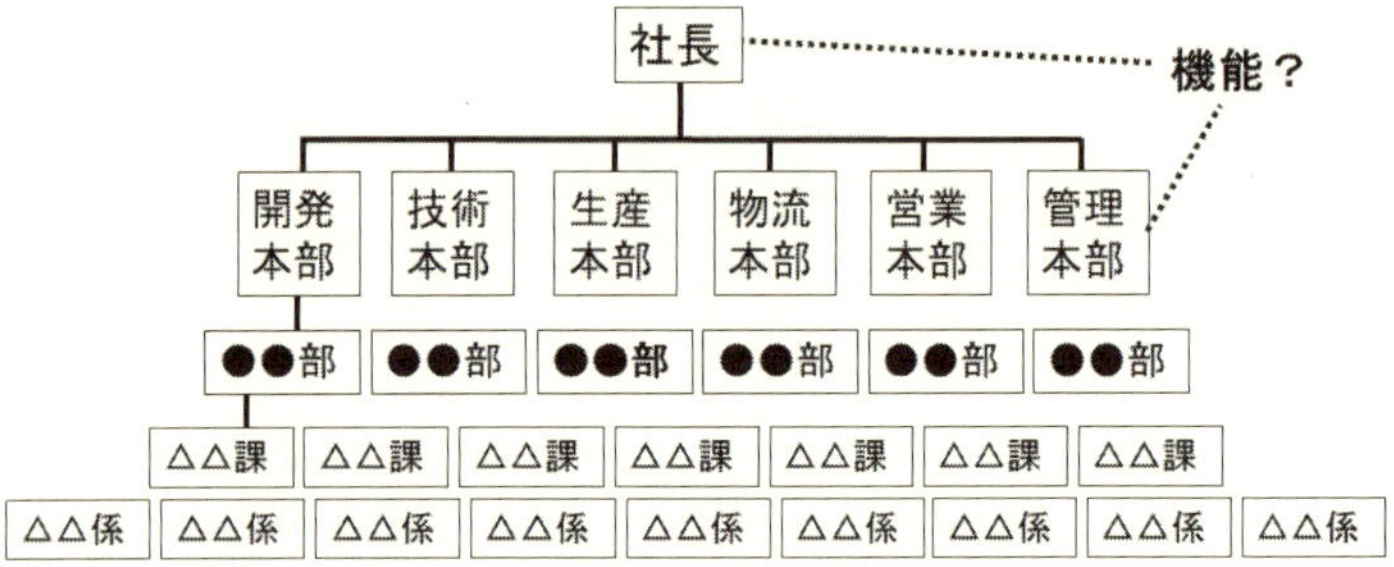

図29 階層的組織図（上司・部下の関係）

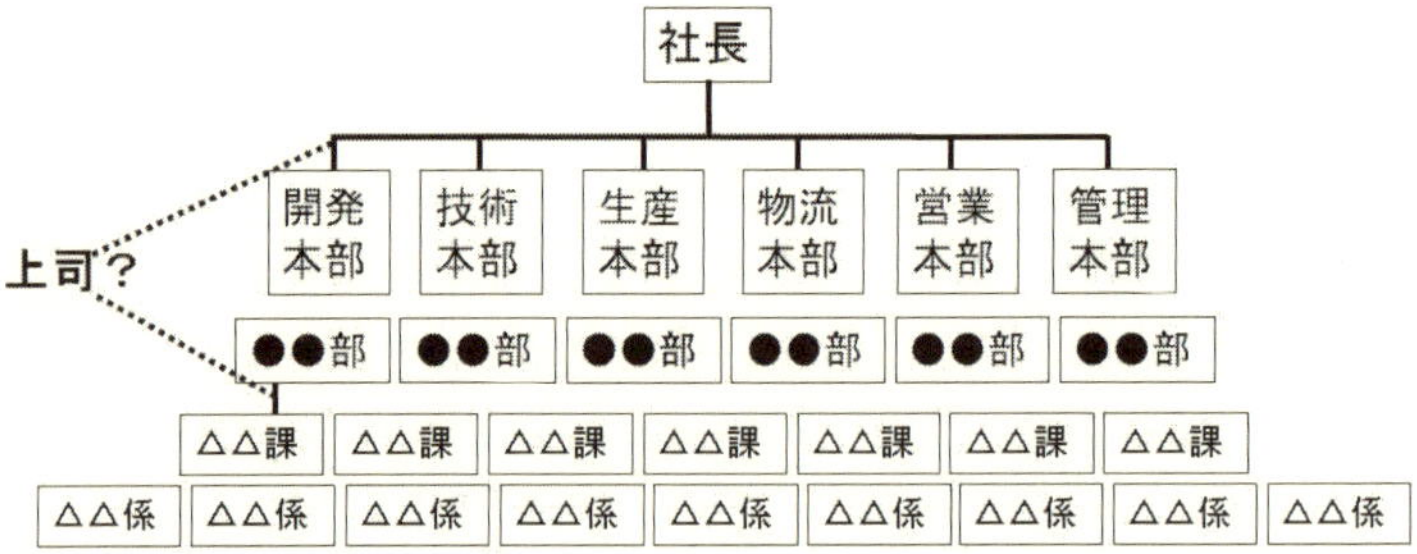

言えば、現代はトップマネジメント機能を社長一人で果たすことは無理な時代になったと思われるが、ほとんどの会社が社長一人か、会長・社長の二人程度となっている。

トップマネジメント＝役員会議メンバー全員、という図式は実態を表していない場合が、ほとんどである。各役員にとっては、与えられた任務、責任以外の余裕はなく、全社的な関心といわれても、社外から問われる法的責任にコミットすることが精一杯であろう。そのうえ、社長自身がそれを当然と考えているため、トップマネジメント＝社長という図式が行きわたることになる。それが現在の経営リスクの根本原因である。

起業家は起業した途端、社長となる。当初は少人数であろうが、五年もすれば、起業家というより、企業の社長である。社長は、社内のあらゆる仕事に責任を持つトップマネジメントとしての思考、行動をどのようにして保証するかの説明責任を果たす必要があり、仕事を通じて考えをまとめることを強く求められる。

組織図表現上の二つ目の問題は、社長と各本部長の関係と各本部長とその部下との関係は異なるにもかかわらず、同一表現となっていて（図29参照）、誤解を与える可能性が強い。営業本部や生産本部等における本部長とその部下との関係、あるいは部長とその部下との関係は、既述した通り想定外の事態が起これば能力に優れた上司が出てきて解決する関係であるが、社長と各本部長の関係は、同じではない。

つまり、与えられた任務内の仕事で困ったときに解決してくれる有能な上司が社長ではない。マーケティングからファイナンスまであらゆる分野で、最高の形式知・実践知・様々な経験を持つ社長をイメージすることはできない。組織内で与えられた任務（仕事）は自らの責任で処理し、的確なレポーティングと同時に、トップマネジメントが関与すべき面があると判断すれば、直ちに報告・相談するのが、社長の直属部下である。

図28を見たとき、自分の役割を上からの指示をブレークダウンし実行する係と見なす者は幹部社員にはなれず、組織図の中で社長の箱とその箱から出ている線だけは、他とは異なる意味を持つことを理解する者が幹部社員となる。

とはいえ通常は、ピラミッド組織図を一瞥すれば、誰もがトップから順に命令が降ろされ、下の方で具体的指示を受けるのが、自分のように思ってしまう。それだけ、ピラミッド図は一般に受け入れやすいといえる。

階層構造が行き亘るもう一つの理由は、仕事をする上で重要な知識や情報そのものの構造が基本的にはピラミッド構造になっていることも関係しているのではないだろうか。新しい知やコンセプトが社会に流通するのは、内容が階層構造化され、表現が的確で分かりやすくなったときである。学校知や学会の専門知も同様である。本書も読者の理解を得るため、言葉としての単語・文章に加え、章立てや項目の構造をいかに分り易い階層構造にできるかに苦労と努力を重ねている。

それらに加え、仕事とは与えられた指示をブレークダウンして実行することと定義すれば、非常に分かりやすく、動きやすい組織が出来上がる。その結果、あらゆる分野にヒエラルキー構造は浸透していく。その分かりやすさとは、実務上の表現に言い換えれば、最初に課題目標を設定する人間以外は、あまり深く考えることは何もないという意味でもある。

ブレークダウンのスタートとなる最初の課題設定や指示事項は難しい。その難しい仕事に頭を悩ませているのはトップマネジメントだけで、残りの優秀なスタッフはすべてその論理展開に取り組もうと待ち構えているとすれば、組織全体の知的レベルが上がるはずがない。ある業界団体（従業員一〇〇人程度）のパンフレットを見ると、最初に出てくるのはソサエティ5・0であった。最初の設定の悩みを避けるために権威を持ち出したのであろう。

政府や国連の権威あるお墨付き資料（ＳＤＧｓ等）を頭に置いて、順にブレークダウンし、それなりに実行すれば誰からも批判されることはない。それは論理的ではあるが、創造性はまったく感じられず面白みのないものとなる。創造とは常に一種の権威否定を伴う場合が多いからである。

長年の受験勉強で染みついた権威ある知識の修得、日々接するヒエラルキー組織の権力構造、仕事とは与えられた指示をブレークダウンして実行することという思い込み、を長年続けていると、上には弱く下には強い人間を大量に生み出すこととなる。それが社会的トラブルに発展すれば、パワハラ騒動となる。

学校のいじめは、先生と教育委員会が問題、というようなイメージを与えているが、組織内の大人同士のいじめ、大企業の下請けいじめ、大国の小国いじめなど、大人の世界を見聞きしている子供が、学んだことを素直に実行しているに過ぎない。

これらに無関係の生き方を実践できるのが起業家である。立ち上げ時は、各社員がトップとダイレクトにコミュニケートしており、エネルギー溢れる一種のプロジェクト組織である。それがピラミッド組織の導入によりエネルギーを失っていく状況は、規模拡大による宿命ではなく、組織活性化の知恵と行動力不足である。

サラリーマンとは

哲学者カントの言葉に「未成年の状態とは、他人の指示を仰がなければ自分の理性を使うことができないということである。ほとんどの人間は、自然においては既に成年に達していて他人の指導を求める年齢ではなくなっているというのに、死ぬまで他人の指示を仰ぎたい、と思っているのである。その原因は人間の怠慢と臆病にある。というのも未成年の状態にとどまっているのはなんとも楽なことだからだ」という言葉がある。

この中の「ほとんどの人間」がどれくらいの比率かは分からないが、直感では八割、残りの半分の一割が既成価値観の金銭欲と権力欲で頑張る人、最後の残り一割がソーシャルビジネスで頑張ろうと考えている人と思う。本書は、最後の一割の人たちと彼を支えようとする幹部社員二割、合わせて三割の人向けに発信しようとしている。カントの言った比率の推定値の正しさはともかく、自分個人がどこの部分に入るかは自分で決める問題である。ただし個人一人ずつが明確に区分されているはずはなく、個人の心の中にも価値観分布がある。それら個人の心をすべて平均すれば、八割、一割、一割となっているに違いない。そうすれば本書は、もっと多くの人の心の中の起業家心に向けて発信しようとしていることになる。

「サラリーマン」は今や死語かもしれないが、カントの言葉に倣《なら》えば他人の指示に従って生きる怠慢で臆病な人となる。こう言うと怒る人がいるかもしれない。怒る人はサラリーマンを脱したいと心の底では思っているので、上司からあまりにも不当な命令を受けたときのアクションと、仮に辞職したときの稼ぎ方だけはいつも考えておいた方がよい。その時に武器となる能力を磨いておくことと、何といっても頼りになるのはそれまでに築いた人脈である。信頼できる起業家の事業に協力してそこに勤務するのも一案であり、また定年前に起業にチャレンジし、一度だけの人生に納得と満足をもたらす可能性にかける等いろいろな道がある。

人類は森から草原に出て二足歩行することにより、頭脳を異常に発達させて生物界の頂点に達したが、その割には常に考えることを避けようとする傾向がある。階層組織に安住し、ブレークダウンという安易な思考力の行使や、短期的利益志向の行動だけに終始するのも、原因は同じである。自己実現に向かって、持って生まれた能力を出し切れるようもう少し成長の努力をしてみよう、自分に貼られたレッテル、あるいは自分で貼ったレッテルを剥がして生きてみようと真剣に考えることには意義がある。

幹部社員の〝責任〟

階層的組織図のところで述べたように、幹部社員は社長の単なる部下ではなくトップマネジメント機能を担っているという意識が重要である。そのことに社長と幹部社員双方の了解も当然必要となる。社長権限は、責任権限規程等の内部規程に明示されており、社長自身が権限委譲すると告知すれば、幹部社員が権限を行使することになる。責任移譲はあり得ない（権限も責任も移譲するのであれば、交代という人事異動発令が必要になる）が、社長に何かがあったときは、誰かが社長代行を務めなければならず、幹部社員自身に日頃トップマネジメント機能を担っているという意識が確かなものであれば、業務執行上のリスクは最小化される。

企業組織の効果的効率的運営のために幹部社員の重要業務の一つが、与えられた仕事をそつなくやる社員で、やりたい仕事は特にないが昇進意欲が強い人間の指導教育がある。それが幹部社員の重要業務である理由は、企業とは軍隊と同じ機能体であり、共同体化すればたちまち競合を含む環境の中で、競争力を失う。すべては仕事とその成果という、揺らがない評価軸を組織内に浸透させるのにもっとも適切なケースだからである。昇進対象者とは、経営視点からの問題意識や問題点の指摘、課題設定等々に加え、失敗を恐れず新しい仕事を提案するとともに、自ら挑戦し、成果を挙げる社員であることを、理解させなければならない。偉くなりたい、というモチベーションは健全であるが、その欲求が組織全体に伝えるべき具体的行動指針は「偉くなるために仕事をするな、志ある仕事をするために偉くなろう」ではないか。

幹部社員自身の昇進意欲は、どう考えるべきであろうか。戦後、資本と経営の分離は、経営の常識のように見なされていた時代があったが、資本主義の原点は起業家とオーナー経営である。リスクテイクして起業していない幹部社員がトップを狙うことには、限界があると言わざるを得ない。経営専門職としての経営能力を期待されて、経営者としての機能を果たすことは素晴らしいことではあるが、ステークホルダーの総意による一定期間の業務委託という解釈が、本筋ではないか。次世代へのスムースな経営移譲を考えることなく、長期の個人的絶対権力体制を作れば、有価証券報告書への虚偽記載や報酬の隠蔽、公私混同経費支出等、世界を駆け巡るニュースとなる事件を起こすかもしれない。

3　専門家の仕事

社会が複雑化していくにつれ、個々の問題もますます複雑化していくことが予想される。そこでは、様々な問題を分りやすく解説してくれる人を多くの人々が求める。複雑な問題は、専門的に研究しないと本質を理解することも、まして対策を検討することもできない。その上、知の本質は知が知を生み出すことであり、専門家に対するニーズが減ることはなさそうである。ただし何の専門家になるつもりなのか、専門家は本当にビジネス問題解決に役立つのかが問われることとなる。

社内外の専門家

経営環境は常に変化するので、企業はそれに適応するため、常に新しい専門知識を求める。ピラミッド組織の中で、常に考えながら同様の仕事をしていると、当然業務推進に必要な巧みさを身に付け、深みも持つ専門家になっていく。その中で将来を見越した人材育成と、現在の業務推進・成果達成のための人材配置に苦労しているのが人事管理である。

現代のような複雑な世界では、専門的に深く考えないで採用したアクションの成功率が低いのは当然であり、組織区分による仕事で獲得した専門性だけで、次々と発生する問題に対処できるかも怪しい。社内人材だけでは業務の達成が見込めないときは、外部の専門家に業務委託することになる。このとき重要なことは、社内にはどのような専門家がいるか、将来ともその分野の専門家だけでよいか、外部にはどのような専門業者・専門家がいるか、専門家の専門性は自社のニーズにいつ頃まで有効であるのか等の問題である。

特に難しいのが、専門の分野特定である。ＩＴの専門家が必要という事例が分りやすい。「ＩＴの専門家」は専門範囲が広過ぎて現実的でない。一方、「インターネットＨＰ設計の専門家」は分かりやすく、職務記述書としても適切であるが、長期的専門分野としては狭すぎて、五年後には間違いなく存在していないと思われる。そのような仕事に長く従事した社員は、社内で経験を積んだ頃に活躍する場所がなくなってしまう。

実社会での通常の専門分野特定は、大学を中心とした学問分類、産業界中心の実学知識分類、その会社特有の仕事からくる技術技能呼称、アメリカがほとんどを占める海外発新規分野名等が主なものとなる。大学の専攻をみても、百年経っても変わらないものもあれば、世界の動向と入学を希望する学生数の変化を見ながら、微妙な名称変更を繰り返している学部学科もある。

専門知識体系をどう分類しようと、それなりの意味があれば何ら問題はない。実際は企業にとって将来の技術競争力を高める点からは効果のない、または人材ロスとなる行動をしている場合も少なくない。その非合理な判断をする理由には、人事権限を持つ上司や人事部門の認識不足もあるが、企業における専門性、さらには専門家のポジショニングが適切でないことが挙げられる。自社が抱える課題の解決能力とスピードの競争力が、企業にとってはすべてである。課題がない分野がもしあれば、その分野の専門家は不要ということである。

次々と発生する課題に対し、会社として社員をモチベーション付きで位置付けるには、当該社員が自分の過去の専門性にこだわらず、常に新たな知の獲得に主体的に取り組むことが優先項目となる。生涯学習という言葉もあるように、本来人間は自分自身を変革し能力を成長させる力を持っている。様々な可能性を持つ人間に、その可能性を阻害するレッテルを貼ることこそ、貴重な人材を埋もれさせ、組織に与える損失は計り知れない。その典型的事例として、日本社会全般に根強い、人間を文系理系に二分類してきた歴史と思い込みについて考えてみよう。

文系理系区分百周年

平成三十年は、文系理系百周年というと、ほとんどの人が怪訝《けげん》な顔をされる。文系人間、理系人間区分が社会の隅々まで行き亘り、現在も常識になっているのは、受験制度がそれを強制しているからである。大学を受験しようとする高校生は、どちらへ行くか届け出なければならない。欧米にはそのような区分はないので、いつからそのような制度は導入されたのか関連情報を検索してみると、図30の通り一九一八年、文部省から発令された「高等学校高等科を分ちて文科及理科とす」という第二次高等学校令が、日本の文系理系区分のスタートであった。

一九一八年といえば日清、日露戦争に勝利した後、第一次世界大戦が終了した大正七年であ

図30　学制の変遷

	帝国大学	旧制高校	
1877	東京大学予備門	ナンバースクール	
1886	東京帝大	第1高等中学校(東京)	小学校令(尋常小学校・高等小学校)
1887		第2高等中学校(仙台)	
1886		第3高等中学校(京都)	
1887		第4高等中学校(金沢)	
1887		第5高等中学校(熊本)	尋常科4年高等科3年
1894		第n高等中学校⇒第n高等学校	
1897	京都帝大		
1900		第6高校(岡山)	広島との争い
1901		第7高校(鹿児島)	松本との争い
1907	東北帝大		
1908		第8高校(名古屋)	
		(第9高校)	松本と新潟との争い(以後ネームスクール)
1911	九州帝大		
1918	北海道帝大	第2次高等学校令	「高等学校ハ高等普通教育ヲ授クル所トス」
			「高等学校高等科を分ちて文科及理科とす」
1924	京城帝大		
1931	大阪帝大		
1939	名古屋帝大		
1941			国民学校
1945	敗戦		
1948		学校教育法	

る。欧米に伍して富国強兵策をさらに強化するには、理系人材の育成が重要と政府が考えていたことは、十分想像できる。政府の方針や国民の常識から大きくずれているわけでもなく大問題になったことはない。学問を二分類、三分類等、どう分類しようが一つの考えとして議論することは意味あることであり何ら構わないが、それが人間分類になり、個人の自由な発想と行動を阻害するとなれば、由々しき問題となる。今年のノーベル医学生理学賞受賞者本庶佑教授は、大学受験時に、外交官、弁護士、研究者の三つの選択肢からいろいろ考えて研究者の道を選んだという。この例が示すように、自由な人間は自由に自分の道を選択する。文系理系の二分類をまず選び、その後順次詳細な道を選ばされれば、自分にぴったりの道を見失う、あるいは誰も気付かなかった新たな道を見出す機会損失は防げない。

自分が何の専門家になり、どんな職業に就いて納得した人生を送るかは自分で決めなければならない。そうでなければ、満足した人生は送れず、自己実現も絵に描いた餅に過ぎない。ただでさえ、自由に考えることを奨励する文化風土の弱い国である。今後必要となるのは、周囲から貼られたレッテルを、自分が納得できなければ、次から次へと剥がしながら生きていくガッツある人材である。そのようなガッツがなければ、起業家はもちろん専門家も時代にふさわしい仕事は到底できない。いずれこの文系理系二分類も消滅すると思われるが、それならなるべく早くなくした方がいいのではないか。いずれにしても、一九一八年にスタートしたのであるから、二〇一八年は日本の文系理系区分百周年、あるいは日本人を文系人間と理系人間とに二分類してレッテルを貼り、自由な発想・行動を阻害した百周年である。

科学技術のビジネスへの影響

十八世紀に始まったイギリス産業革命を第一次として、現在は第四次革命のさなかにあるという。いずれも科学技術の進歩がその基礎にある。そのおかげで人類は、有史以来、初めて現在のような豊かな生活を手に入れた。世界史のなかで、なぜ科学技術はここまで自走力を確保したのであろうか。世界の文明史で十五世紀頃までは、火薬、印刷、蒸留といった技術は、ヨーロッパよりも中国やアラブの方がレベルは高かったが、火薬はなぜ爆発するのか、液体はなぜ熱すると気体になるのかの解明とその理論化に興味を持ったのは、キリスト教の強い影響下にあった中世ヨーロッパだけであった。

神が存在し、神が自然を創ったのであれば、その設計図があるはずであり、それは自然の中に隠されているに違いない。それを読み取り、実際に見たいという強い欲望が、科学発展の原動力となった。コペルニクス、ガリレオ、ケプラーといった人々は、キリスト教の教え（天動説）を否定し地動説の主張によって近代思想を導いた人々ではなく、彼らが篤く信仰する神が描いた設計図を見たいという強い知識欲が当時のキリスト教会の権威を上回って行動した人々であった。ケプラーが有名な惑星の運動に関する三法則を発見するため、生涯をかけて行った膨大な計算は、知識欲に加え、宗教心の後押しがあったからこそできたといわれている。

科学が十九世紀までにその地位を確立したのは、数々の科学的発見の正しさに多くの人が驚いたというよりも、その科学的知見を応用すれば誰もが予想もしなかった驚くべき成果が生まれたからであった。力に関する学問（力学）が確立され、熱と固体・液体・気体の関係・気体の圧縮と力の関係の理論が確立すると、蒸気機関、自動紡績機、汽

図31　自然科学の負の影響

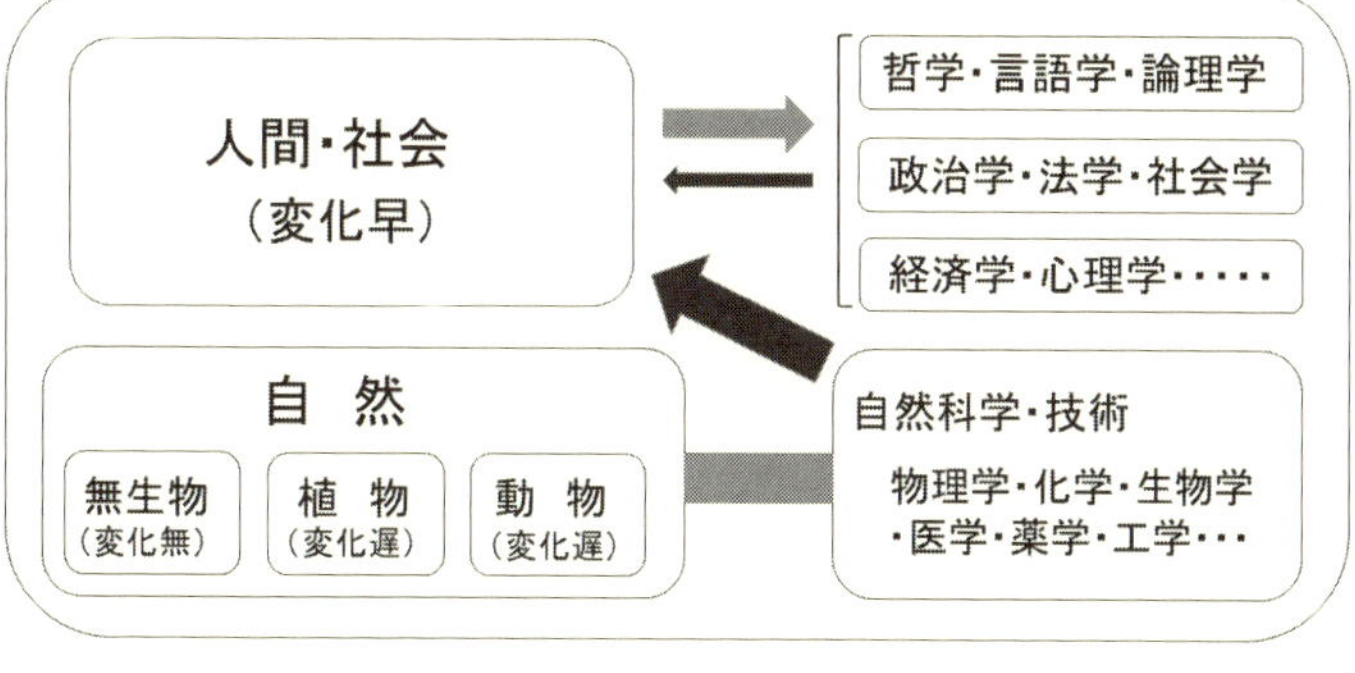

車、汽船、冷凍機等の発明に、電気の理論は白熱灯、電信機、蓄音機等の発明につながり、それまではイメージや空想の世界でしかなかった便利で豊かな生活が現実のものとなっていった。

この過程で確認しておくべきことは、社会のニーズから政治や法律、生産や会計、経済、経営等様々な分野でスキルが考え出されてきたのに、十八世紀以降は、社会のニーズが明確化されていないのに、科学技術だけが、便利さを武器に社会を変えていく逆転現象が起きたのである。それを図31では科学技術から社会への一方通行矢印で表した。その科学技術発展の延長線上に、インターネット・ＡＩ・ロボットの応用による二〇四五年問題（人間のすべての能力がコンピュータで代替）等が議論され、大きな社会不安を引き起こしている。これまでの科学技術の進歩の恩恵は十分理解されているので、その負の側面を図31にまとめてみた。不安の根源は、主役であるはずの社会が実質的に主役の座を奪われていることにある。

有史以来の技術、すなわち科学的真理に無関係の技術では、技術が技術を生み出してきたのに対し、科学的真理を応用した分野では理論が技術を生み出していく。新しい発想の集まりという点では昔の技術も同じだったとはいえ、それは常識内のアイデア（言われなければ気付かないが、聞いた後ならほとんどが理解、納得できる）に、技能（手の器用さも含めたわざ）を加えて成り立っていた。その伝統的な技術コンセプトが、科学的知見をベースにして独自の理論体系を作り上げていった工学等を中心とする科学・技術に、主役の座を奪われたのは当然だったといえる。

人間の知識欲、科学の重要性の認識、そして科学者に対する尊敬を背景にした科学的研究活動推進エネルギーの根源は、真理探究である。ケプラーの三法則、ニュートンの万有引力の法則、アインシュタインの相対性理論、ＤＮＡの二重螺旋《らせん》構造等々、人類は真理を捜し求め、数多くの真理を発見してきた。日本でも大学はもちろん小学校から高校まで、真理探究という言葉はしばしば使われる。校歌などにも重要フレーズとして登場し、真理探究は疑いや議論を挟む余地のまったくない正しいこととみなされている。

ｉＰＳ細胞でノーベル賞を受賞した山中伸弥京大教授の「真理は何重ものベールに覆われている。たいていは一つベールをめくってもまた次のベールが表れるのみだが、今回はたまたま私たちが　そのベールを取ったら、真理が現れただけ。私はラッキーだったが、それまでに先人がめくった何枚、何十枚ものベールの一枚一枚が、等しく大切なのです」という発言は、我々にも分かりやすく、辞書の真理の定義やイメージとも位相がピッタリ合っている。自然科学においては真理の定義に対する違和感はほとんどないといってよい。ところが、欧米では必ずしもそうとは考えていないようである。

真理＝truth を、**OXFORD** 現代英英辞典でひくと、

① the true facts about something ある事柄についての本当の事実

② the quality or state being based on fact 事実に基づく質、または状態

とあり、事実＝fact にかなりこだわっていることが分かる。truth は、真理というよりも真実という意味合いが強く、国語辞典にある〝正しい物事の筋道、真実の道理〟という意味の表現は見当たらない。そして **OXFORD** 現代英英辞典にある三つ目の意味、

① a fact that is believed by most people to be true 大多数の人が本当だと信じている事実という説明は、国語辞典の定義〝いつどんなときにも変わることのない正しい物事の筋道、真実の道理〟とは、かなりニュアンスが異なりまことに興味深い。大多数の人間が誤解すれば間違った真理もあり得る、と読むことができる。自然科学は、真理を順に一つずつ発見してきたのではない。数々の間違った説が真理だと信じられ、その後否定され、そして新たな真理が生まれてきた歴史を持っている。人間の認知能力の限界を考えれば、この説明は正しいと思わざるを得ない。

社会は、当然、社会に役立つ知識を求める。社会が問題を投げかければ、学問側が答や対策を示すことを図31の矢印で表した。人文科学や社会科学分野では、提示された問題の一部にしか対応することができず、要求に対して半分以下の答えを返してきたという意味で、矢印の大きさを小さく表現した。一方自然科学は、社会からの要請が明確に示される前に新しい商品やシステムを誰もが理解できる形で明示し、ごく自然にそれらを受け入れた社会が、大きく変わってきたと言っても過言ではない。つまり約三百年間、社会自身が社会変革のイニシアティブを取ることができず、受け身であり続けたこと、それが今後も続くらしいという意識が、ＩＯＴ・ＡＩ・ロボット時代を前にしての不安の根本原因である。

社会的に影響の大きな問題が発生すればその原因解明は当然の行動であるが、現代の超複雑化社会では原因特定が難しい場合が多い。ところが日本では、特定は困難という事実を認めようとせず、いつまでも原因分析と責任追及に終始する思考癖が社会に組み込まれ、それが前向き行動の障壁となっている。その原因の一つに、自然科学をベースとした科学技術の素晴らしさ、それを支えてきた真理（いつどんなときにも変わることのない正しい物事の筋道、真実の道理）が存在する、という社会的思い込みが影響している、すなわち正解が本来無い実際の世界にも、正解があるかのような幻想を与えてしまったといえる。日本人が議論好きで論理的とは到底思えないが、トラブルが発生し、責任追及状態が生まれた途端、論理好きに変身する。ボーイング機のバッテリー焼け焦げ事件（第1章4リスク管理参照）で、大メーカーによる原因不明という発表（その前に組織内では専門家が発表したと思われる）を認めた上に、対策だけは承認する勇気が我々の社会にあるかという心配であり、今のうちに現実重視の柔軟思考を身に付けた専門家の育成が必要である。

仕事のできる人・できない人

明治政府の国民教育の基本的考えは、富国強兵策推進のため、疑いない事実、真実、真理を背景にした知識を、早く国民に学ばせることだったと言える。つまり教師が教える正しい知識を理解し記憶することが、学ぶ側の基本的態度となる。そこでは自分で考えようとする態度は、当然希薄となる。ただ教える先生（欧米）がそこにいるとき、自分で考えるよりも先生や先輩に学ぶことは効果的・効率的であり、政府の方針を非難することはできない。

その後日本が豊かになり、先生がいなくなったこと、グローバル化、ネット社会の出現などにより世界は超複雑化し、どんな問題も真理中心の知だけでは解決できなくなった。学校知とは実際問題解決に役立つ知の一つに過ぎないにもかかわらず、多くの社会人が未だに実践知は学校知の上に咲く花であり、有能な社会人の基本前提が学校知の高さにあると思い込んでいる。

学校知の優秀さは長所の一つであるが、幼稚園から十八歳までの長過ぎる受験勉強によって、一つの特定思考パターンだけが重要だと刷り込まれた脳を変えることは、容易ではない。大学入学後も多面的で柔軟な思考力や実学（実践的学問）の重要性は教えられず、特定の知である学術的学問に劣等感を抱きながら、社会に出て行く若者が圧倒的多数派となる。

ジュネーブに本部を置く国際バカロレア機構では、大学で高等教育を学ぼうとする学生に必要な資格として中等教育プログラム（図32参照）を公開しているが、それを見ても、多面的に思考する頭脳の重要性を強く訴えている。物事を総合的に捉える力が日本人は優れていると思われるが、日本のマスコミは、自国の長所を正しく伝えることには興味がなく、どういうわけか特定学科に優れた学生の一学年飛ばし進級ニュースなどを、喜んで報道する偏りがあるように思われる。

ハーバード大学のハワード・ガードナーは、人間の知として七つの知能（言語的／論理数学的／音楽的／身体運動的／空間的／対人的／内省的）を提唱した（その後三つを追加）。「人は皆それぞれ一組のMultiple Intelligences（多重知能）を持っている」という。音楽家が演奏で人を感動させるには、他人の欲求を理解する対人的知能も必要であり、建築家には空間的知能も論理数学的知能も必要である。

つまり知能と職業が一対一に対応していて、音楽家は、音楽的知能だけで音楽家になれたわ

図32 国際バカロレア機構が実施する国際的中等教育プログラム

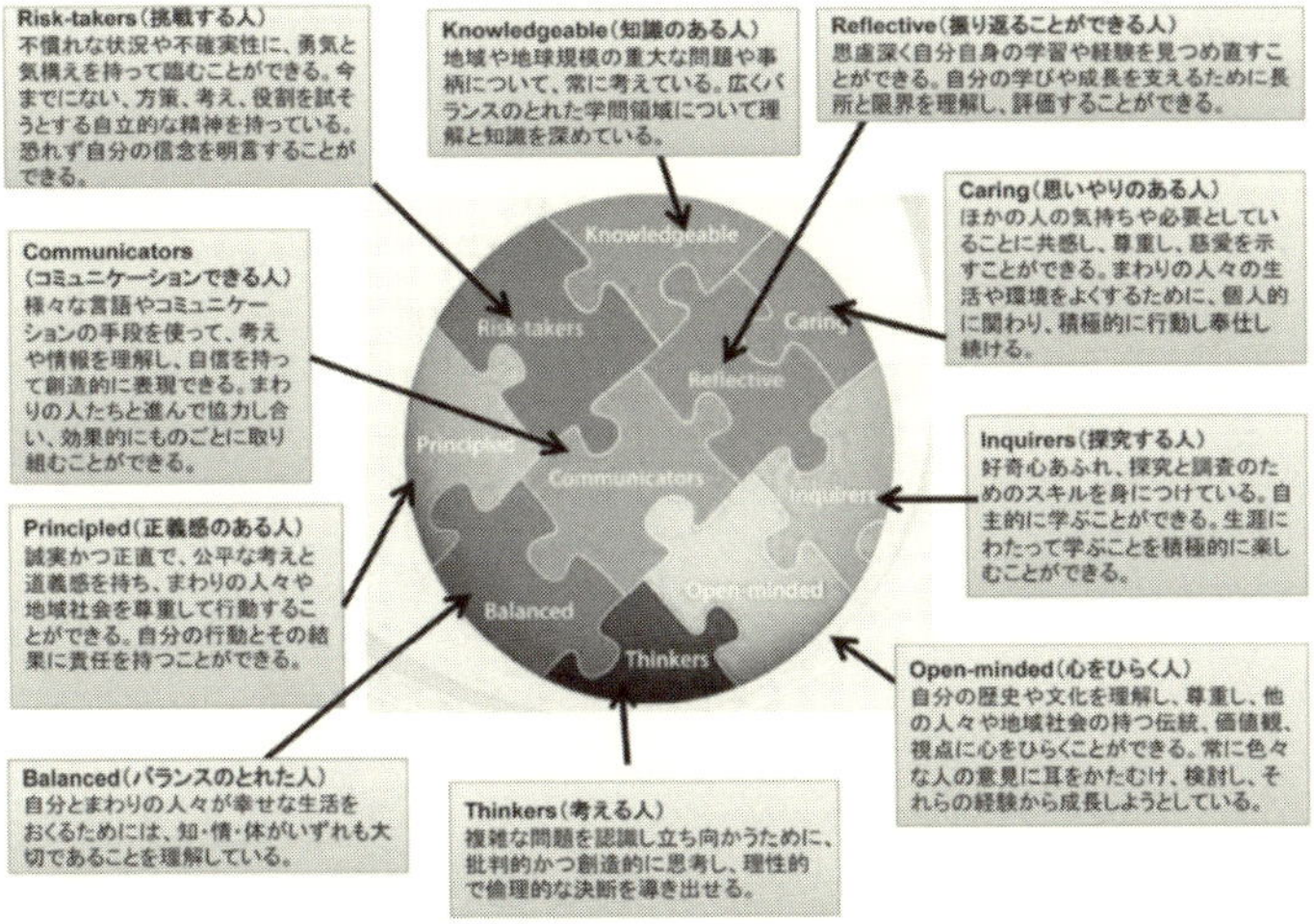

けではない。仮にそういう音楽家がいれば、不足している知能を支えているサポーターがいるに違いない。複数の人間が支えあって、つまり組織的行動によって音楽事業を推進していることになる。一人の人間が持つ複数の知能は、それぞれ単独で働くのではなく複合して（相互関係を保ちながら）働く、知能の成長も複合して成長するということであろう。

　社会人になり、仕事のできる人・できない人と一緒に仕事をしてすぐ気付くことは、問題の解決には様々な知が必要であり、その知は幼少から大学までに習った学校知よりも実践知の割合が圧倒的であること、一人で解決できる問題はほとんどないこと、複数の人間の知を合わせることができたときは大きな力となること、そのためコミュニケーション能力がキーとなることなどである。

　以上のことは大概の人の賛同を得られると

思うが、それは、言語的、論理数学的、空間的、対人的知能に優れたメンバーでチームを作り、問題解決に当たればよいということを意味するものではない。各メンバーは自分の得意知能だけで生きているわけではなく、一人ひとりが七つあるいはそれ以上の知能のバランスで考え行動している。オールマイティ人間（すべての知能が最大限成長した人）は存在しないので、「言語的・論理数学的知能」だけを過大評価して組織のボスに任命することは、組織そのものの問題解決力向上となる保証はない。ＩＱや学校知の評価項目は、ほとんど「言語的・論理数学的知能」であり、経営学者ミンツバーグによるサイエンスに偏り過ぎたアメリカＭＢＡ教育の欠点（〝ＭＢＡが会社を滅ぼす〟）の指摘も同根である。

実学専門性

昭和の後半、多くの大学が象牙の塔と化しているのでは、という批判が起こり、それに対して「実学」が注目を集めたときがあった。現在は、生命科学とＩＴ、ＡＩ、ロボットや自動運転、宇宙工学等の世界的競争により大きな問題は出ていないが、科学技術の発展が踊り場に来れば必ず再燃する。

そのときの議論のポイントは、常に、科学技術は社会にどう役立つかであり、その問題意識は正しい。ノーベル賞の時期になると、基礎研究にもっと研究費を配分せよというノーベル賞受賞者側からの発言が紹介されるが、授賞式が終わればその話も無視される。

議論ばかりして結論が出ない、議論を通じて社会の知的レベルが向上した、という実感がないまま世の中が動いていく原因は、基礎研究か応用研究か、という二項対立設定に問題があるのではないか。科学技術は社会にどう役立つか、というリサーチクエスチョンが正しいのであれば、基礎研究テーマは成果が出るまでの時間が長い、あるいは社会への成果応用のイメージが描きにくいというだけのことである。成果応用のイメージが描けているものにだけ、研究費を重点的に配分するとすれば、文科省や財務省は随分単純な頭脳の持ち主だということになってしまう。もっと「実」中心の議論をする思考癖を、社会にビルトインしなければ、日本社会の後進性が徐々に現実のものになっていくかもしれない。

専門というと、まず学問的専門分野を思い浮かべる人は、早目に頭を切り替える必要がある。確かに、医学、物理学、化学、工学、政治学、法学、経済学、社会学、といった言葉は今も残っているが、実際の研究分野は細分化され名前だけではよく分からないほどである。大学ですら環境変化に適応して、海外から輸入し、独自に創造して名前を次々と変えている。ビジネスの世界は更に変化が激しい。それを会社の組織名や卒業学科などにこだわっていては、起業家にも幹部社員にも到底なれない。友人に、国立大学の医学部を卒業し、眼科医に長く従事した後、個人的事情で精神科医になった人がいる。医学部さえ卒業していれば、そういうことが可能であることと、それを活用して、自ら変身した友人の両方とも素晴らしい。

実際問題は、いきなり発生する。しかも実際に解決しなければならない。毎日多くの人々が、様々な問題に取り組んでいるが、必ずしもうまく解決できず悩んでいる。その解決方法はないのかと問われれば、あるタイプの問題であれば、経験を元に何とか解決してくれる人がいる場合が確かにある。ということは、問題解決のための知識体系なるものはまだなくとも、実際に役に立つ知があり、それが「実践的学問」(実学)ということになる。この「実践的学問」は、実践経験を通じないと学べないこと、及びそこで学んだことや理論化した内容を応用したとしても実際問題の処理には最後に決定が必要であり、その決定方法や内容によって成果が大きく変わる、ということの二点が学術的学問とは大きく異なる点である。

現実世界の問題には、正しい解決をもたらす真理はない、本来答のない問題に、現時点でもっとも望ましい答を決定し実行しなければならない。その中で望ましい結果が出た上に、同じようなタイプの問題に対して再現性があることに本人が気づき、周囲も認めたとき、それが実践知、場合によっては専門(これをここでは実学専門性と名付けた)と呼ばれることになる。実践知は問題を解決する過程で獲得した知であり、同じようなタイプの問題に対しては威力を発揮する。

したがってそのようなタイプの問題=専門知ニーズのある仕事が、今後ともあるかどうかの判断が重要ポイントとなる。企業組織内で仕事を効果的に推進するには、その専門を的確に表現する適切なネーミングが必要となる。分りやすい具体例の一つが、最初に述べた「インターネットＨＰ設計の専門家」であるが、この表現の専門家は数年後には職を失うと予想されるので、次の専門ニーズに狙いを定め、仕事の新たな成果に挑戦することになる。実際の社会の中で自己実現観点から、専門を究め、専門家になるには、よほど脳みそを使わなければ達成できない。

専門家の〝責任〟

社員とは、会社が抱える問題に対峙し解決する人である。その仕事には、何らかの専門性が必要となる。その専門分野が広く社会に認められた専門家、所属企業内だけで通じる専門家、現在は認められていないが今後必要になってくると本人が信じている専門家等が考えられる。

ここでの問題は、企業における専門家や技術者は、どのようなビヘイビアを示すべきかである。会社が解決を希望する問題が五年後、十年後にも存在するかどうか、存在するとすれば他社を凌駕する技術のレベルアップの見通しが必要となる。一方で、二十世紀も二十一世紀も技術の進歩は早い。誰も顧みなくなる技術も続々出てくるに違いない。見向きもされない技術にいつまでもこだわれば、専門家は職を失うことになる。常に世の中の動きを追いかけ、会社の進む方向に目を凝らし、ニーズと自分のキャリアとの関係を見張りながら、自分が決めた分野の知識とスキルを磨くしかない。

飛行機を作りたいと航空機関連企業に入社して、旅客機の一部の製造には携わったものの定年まで設計機会に恵まれなかった人もいる。原子力発電所を作りたいと思っても、現在の日本国内では難しいと言わざるを得ないが、廃炉に携わる技術者は、長期に亘り社会的意義のある仕事が確保されている。事務系の職では、経理マンは経理アプリやソフトで代替、メガバンクの行員もＡＩ等により一万人以上削減される時代である。

いつの世も、いつどこで何が変わるか誰にも分からない。運次第とはいえ、形式知と経験から学んだ実践知を増やす努力を続けなければならない。専門家とは、誰も理解できない難しいことを、企業にとっての意味を含め、分りやすく説明してくれる人である。日本の生産技術は世界トップクラスと思い込んでいたら、クルマの自動化についてはドイツやアメリカの後塵を拝しているらしい。いつどこでそのような逆転がなぜ起こったのか、明快に（できれば事前に）説明してくれる専門家は頼もしい。現在会社が抱えている様々な問題の解決に参加したい、あるいは任せてほしいとアピールし、実際に解決してくれる人に対するニーズはなくならない。その実行力も身に付けておく必要がある。

ここでいう責任とは言うまでもなく既述した応答可能性である。自分の技術にこだわるあまり、自己を変えない技術者は責任を果たしているとはいえない。

専門家に類する英語には、**Specialist**／**Expert**／**Professional**がある。その違いを、顧客と再現性の二軸で説明すれば、**Specialist**とは、自分の好みだけで専門性を深めた顧客無視の人、**Expert**とは、顧客を大切にしてサービス精神も旺盛であるが成果を生み出すメカニズムが本人にも周囲にも不明確で且つ明確化しようという気のない人、つまり弟子には背中を見て学べと言い、一人前になるために十年以上かかるのは当り前と考えている人、それに比し、**Professional**は、顧客を意識し、再現性に優れた人と述べたことがある。それに加えるとすれば、プロフェッショナルの語源はプロフェッションで倫理観等様々な要素が考えられるものの分りやすく言えば、仕事に対する責任感がもっとも強い人と言える。その責任感を支えるものが、成果に連動した報酬であり、生活費を稼ぐ構造に組み入れられている人と言うべきである。やはりお金には、社会を正当に成り立たせる役割もある。

4　ステークホルダーの仕事

ステークホルダーの和訳は「利害関係者」となっている。かつては、アメリカでは株主、日本では従業員が最重要ステークホルダーであった。現在では、ステークホルダーの範囲は拡大し、その関係も質的に深くなってきている。各国とも企業の社会的影響力の大きさから、ＣＳＲへの注力を期待する方向に動いている。経済を含めた政治が社会全体に強い影響力を及ぼし、格差の拡大等を機に、企業とステークホルダーの関係が変質していくことが予想される。そのときそれぞれが、狭い範囲に囲い込む動きをせず、もっと開かれた社会実現のためのパートナーと捉える考え方の整理が求められている。

所属意識の原点

よく用いられる企業を取り巻くステークホルダーのイメージ図は、図33である。政府・自治体以外にも様々なステークホルダーが存在するが、ここでは六つのステークホルダーについて考えてみる。企業は各ステークホルダーと十分に意見交換し企業に対する期待や要求を確認、自覚すること（ステークホルダー・ダイアログ）が第一ステップである。このうち株主と従業員は契約関係にある個人であり、取引先は全責任を持つ経営者がいるため、企業自身がその気になれば相手の意向は把握しやすい。環境は物言わぬ対象であり、企業自身が様々な知識を活用して把握に努めざるを得ない。問題は捉え難い顧客と地域社会とのコミュニケーションとなる。

　企業が顧客や地域社会にどうアプローチすべきか、という従来からの企業側からの一方的な見方ではなく、一企業のことなどあまり考えているはずのない一顧客や地域社会の一市民目線から、ＣＳＲを含めたステークホルダー問題を考えることが、まずは大切と思われる。

図33 企業とステークホルダー

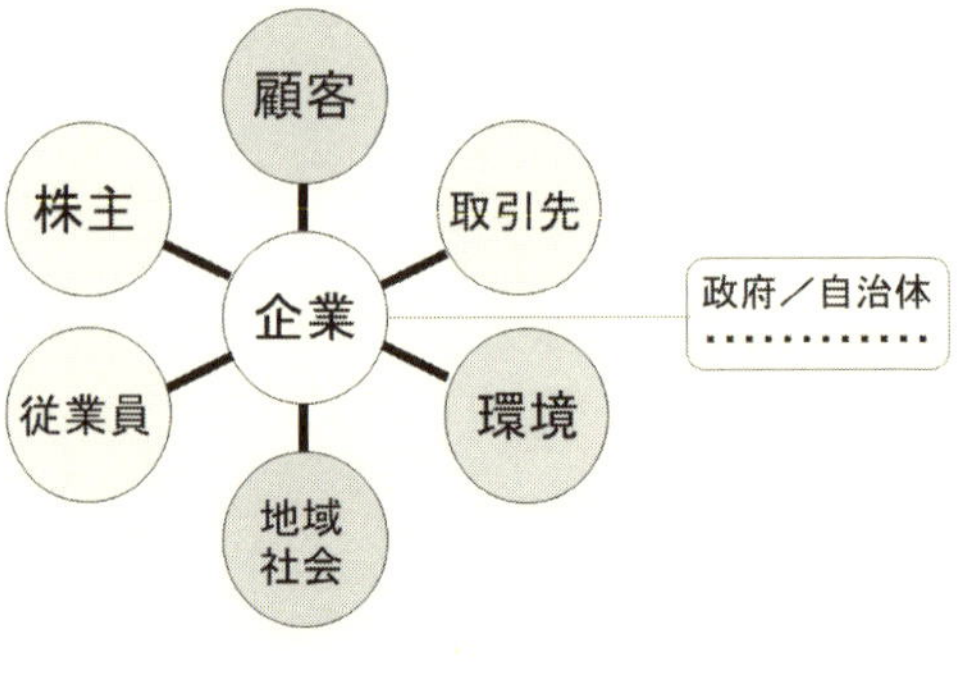

　企業にとって一番有難い相手は、自社商品を繰り返し購買してくれた上に、商品の素晴らしさを自分の周囲に発信してくれる消費者であり、その行動の背景に企業に対するファン心理が働いている場合には、社長は、全社員でお礼の言葉の一つも述べたいと思うに違いない。その消費者が企業について知っていることといえば、商品の使用体験からくる使用価値情報を除けば、会社名とＴＶ広告の多さからくる企業の信用度の二点くらいである。商品や企業に対する

ファン（いいね！）心理は、一体どのようにして構成され、どのようにして消滅していくのであろうか。

　プロ野球人気が長期に亘り低下傾向にある。私自身は、幼少期からのジャイアンツファンであった。少なくなったとはいえ、現在ジャイアンツファンである若い人に出会うと、一応握手する。握手しながら思うことは、本当に双方が理解した上で握手しているのか、という疑問である（図34参照）。若い人の頭には、平成三十年にセ・リーグ三位で終わり、高橋由伸監督が責任を取って辞任した東京ドームを本拠地とするジャイアンツがある。一方、私にはその情報もインプットされてはいるが、頭に強く残っている記憶情報は、何といっても雨天中止の後楽園球場を本拠地とし、Ｖ９を成し遂げた王・長嶋ジャイアンツである。設備も人間も、ほとんど何もかもと言っていいほど違うチームを、同じジャイアンツという名前で呼び、見知らぬ人と握手などしていいのかと思ってしまう。

　よく似た話に、大正十一年に製造された蒸気機関車５８６５４がある。車体は月日が経てば当然老朽化する。少しずつ部品が交換され、二〇〇九年遂に最後の台枠が交換されたため、大正期に製造したものは何一

図34　名前と中身の関係

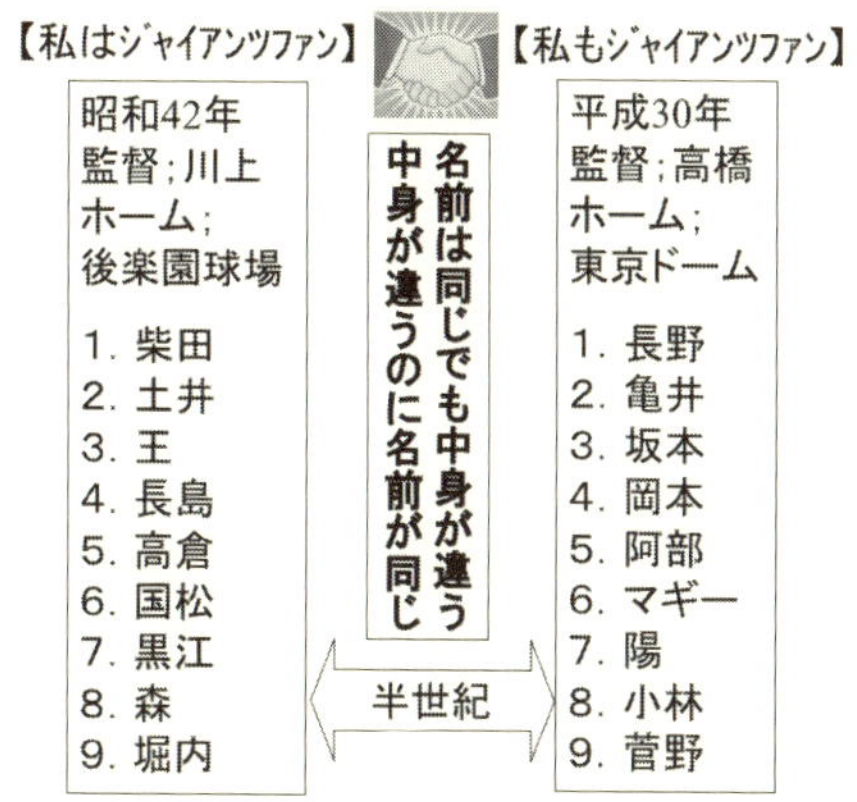

つない蒸気機関車58654となった。同じ部品が一つもないものでつくられた機関車を同じ名前で呼んでもよいのかと思うが、今も、JR九州で保存され、ときどき観光用に実際に運転されている。仮にこの蒸気機関車が電気で動かされ、別の焼却炉で燃やした煙を排煙機で噴き上げている場合は、蒸気機関車58654なる認知は急激に低下し、観光列車に乗車しようとする観光客は、ほとんどいなくなることは確実と思われる。中身が違うものを同じ名前で呼ぶには、どこかに限界がある。

私自身はジャイアンツファンと述べたが、正確に言えば、元ジャイアンツファンである。今では、TV放送があっても特に見たいとは思わない。どこで変わったのかと振り返ると、各チームの四番バッターを強引に引き抜いて優勝を目指した頃のように思う。「こんなナインで試合をするのは、もはやジャイアンツではない！」という私自身の心の叫びが強くなったからである。そんなチームが優勝したところで喜べるはずがない。その上、優勝できなかったのである。さらに近年は、ジャイアンツとはまったく無縁のはずの様々な不祥事も発生した。それが私にとって、ジャイアンツと呼ぶ限界だったのだと思う。

生物は細胞でできており、人体には六十兆個の細胞がある。それらが毎日、毎週のように古い細胞が破壊され新しい細胞が生まれている。なかなか死なない細胞もあるが、それらすべての細胞で構成されている人体としては、一瞬たりとも同じものはないことになる。それに氏名を付け、数十年～百年間、同じ人間とみなすという無言の約束のもとで、人類は生きている。おかしいともいえるが、実際はおかしくない。なぜかと言えば、昨日の自分と今日の自分が同一の考え、同一の行動を取るからである。十年前と比較すれば、かなり変わっているが、その十年間をなかったことにはできない。すべてアカウンタブルという関係者間の了解は揺らがないので、社会のなかの人間関係は一定の安定度を保っている。

企業も人間と同じである。〝不断の同一化行動によって今ここに生み出される現象〟を、「同じもの」と認識するのであれば、現在、ファンを獲得している企業は、不断の同一化行動を発信し続けなければならない。昔は、従業員に会社としての一体感を持たせるため、企業内運動会が行われていた。運動会など今やダサイのであれば、それに代わる現代にふさわしいイベントが必要となる。イベントなど不要という会社もあるが、注意していないとダイバーシティ時代の従業員は、業績ダウン時にはアッという間にバラバラ社員集団になる。まして、関係の薄いステークホルダーには、一定の強いメッセージの継続的発信行動が必須である。

クラウドファンディング

クラウドファンディングとは、一個人と企業が具体的な仕事を通じて絆を結ぶ新しい動きである。株式市場で株式を取得した個人からみれば、自分のお金がその企業で使われるわけではない。関心ごとはその会社の経営成果による株価と配当だけであり、企業側からみれば株主総会で投票権を持つ株式所有者という意識しかない。ＩＰＯの場合は、もう少し明確であるが、企業内での仕事のイメージまでは持てず、どこで使われているかは分からない。そのフラストレーションをなくしてくれるのが、クラウドファンディングである。

投資者が、企業の具体的プロジェクト（起業支援や商品開発等）に直接コミットできることになったのである。この仕事の進め方によっては、個人が企業の完全なシンパとなる可能性が高い。従来の単なる消費者アンケートへの無料協力よりも、コラボ開発への参画とまでいかなくても個人にとっては出し甲斐のあるお金である。

法人が所得に従い税金を納めるのは、社会的存在としての当然の義務とはいえ、その税金の中でも使用目的が明確な方が、気分はスッキリする。クラウドファンディングでは、起業であろうと企業の商品開発であろうと、自分の投資したお金が何に使われるのかが明確に分かっている。投資金額が回収できなくとも、リスクを覚悟の上の投資行動に投資家が悩むことはない。資本主義の初期段階の性格を十分宿したビジネスモデルであり、是非、この動きが拡大することを期待し、活用を検討していきたい。

コミュニティマネジメント

以前、区分所有者五百人超のマンション管理組合理事長を、仰せつかったことがあった。社会人になってからは長く営利法人で勤務していたため、コミュニティマネジメントの本来あるべき姿がつかめず、毎日悩みながらいろいろな問題に、対峙したことが思い出される。私以外の理事（株式会社経営のプロが多い）の方々や住民の方の意見も伺ったが、コミュニティマネジメントイメージを明確に持っておられる方は少なく、少し安心した記憶がある。私は京都出身であるが、小学校時代の様々な町内会の集まりや、夏休みの約一週間公道上に小学生以下の子供のための地蔵盆用地を占拠し、大人達が様々な催事を準備してくれた記憶は今も鮮明に残っている。

子供が減り、さすがの地蔵盆も見る影もないようであるが、時代にふさわしい新しいコミュニティを作り、その姿を子供に見せることは、大人の義務でもある。都会のマンションは、昔にはなかった典型的集団住宅であり、そこに新しいコミュニティを形成できれば、次世代に顔向けもできるが、実際は、隣の人の名前も知らない、無味乾燥なコミュニティが圧倒的に多い。株式会社の主目的が「利潤追求」というのであれば、コミュニティの主目的は、やはり住民の「住み心地の良さ」となる。そのマンションに居住することに満足感を覚え、終の棲家と考える人が多数派となるための様々なアクションを起こすことこそが理事会の役割と考え、タウンミーティングの定期的開催や、コミュニティ委員会を中心とする委員会活動には担当理事、担当委員とともに、様々な活動に取り組んだ。

今や、株式会社も利潤追求のためだけに存在することは許されず、ＣＳＲ活動等は避けて通れないのと同様、管理組合も住民が仲良く住みよいことに加え、マンションの資産価値維持も重要な管理項目となる。有難いことに住み心地の良さと資産価値は比例関係にあるので、それを図示したのが、図35である。時間が経てばマンションは古くなり、ふつうは資産価値が減少していく。資産価値は主として四つの要因で構成されている。

そのうち立地条件は、違法建物が建設されないよう見張っているか、近くの駅に急行電車が停車するようになればみんなで喜ぶ程度くらいで、管理組合や住民パワーではほとんどコント

図35 資産価値の時間的推移
（Vintage Mansionへのイメージ）

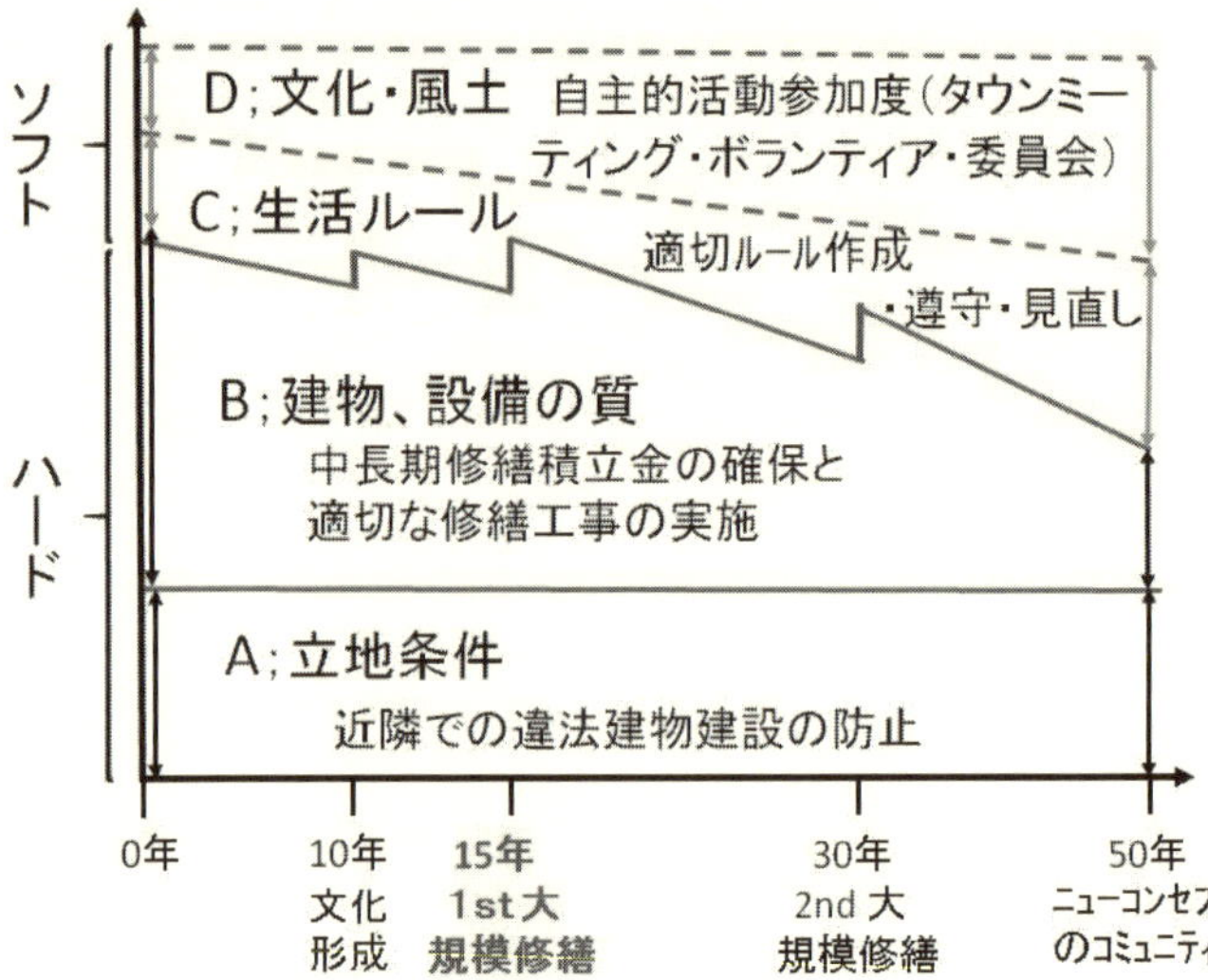

ロール不可である。次が最も重要な建物・設備の維持のための修繕積立金の確保とコストパフォーマンスの良い修繕工事の実施となる。ただしどれだけ適切な修繕工事を行っても、建物・設備の価値は下落する。それをカバーするのが、住民みんなで作る住み心地となる。住民同士の争いがなく、いろいろな問題を互いに非難しあったり、恨んだりすることなく、ノーマルな議論の中で解決していく文化を構築できれば、そういうマンションコミュニティに住みたいと多くの人が思うに違いない。つまりハードウェアの価値下落をソフトウェアで補うことが可能となる。その結果、図35のように、すべてを合わせた価格つまり現在の売却価格が購入時と変わらない、あるいは今後ともずっと横ばいであれば、それがいわゆる

ビンテージマンションと呼ばれるものになる。

その文化構築に際しての実務的な重要ポイントとして、多数決原理による組織運営がある。国政選挙や国会審議・法律の成否、また米大統領選挙でも、過半数で決することが民主主義、というメッセージは広く浸透している。

マンションコミュニティ内で、議案が提出され議論はしたものの意見は平行線で、決議する以外にない状況が生まれたことがあった。政治の世界では、誰かが権力を握る以外に社会は統治できないので、過半数決着には納得性がある。マンションのようなコミュニティでは、どう考えるべきであろうか。このまま決着を図って、仮に51：49となれば、過半数を制した方は勝ち誇り、敗れた方には怨念が残る。そうすれば住み心地の良いコミュニティの実現からは程遠い状態となる。重要なポイントは、その議案が、今決する必然性はあるのかである。もっと前向きな議論を重ね、内容の理解が進めば、7：3くらいになるかもしれない。その状態で決定すれば、3割の人も納得すると思われる。この件は、結局深刻な対立とはならずに収まってしまった。コミュニティの文化とは、こういう経験を積み重ねて作り出されるものであろうが、何といっても継続は力なり、である。気を許せば、いつでも住み心地の悪いコミュニティになる可能性はある。イギリスのブレグジットや共和党・民主党が常に拮抗する米大統領選挙を見ていると、我々と異なり、彼らはぎりぎりで相手を倒すことに快感を覚える民族ではないかと思える。

企業が工場建設や大量の関連従業員の転居等を決定したとき、ステークホルダーである地域社会に対し負の影響を与えることは許されない。先程のマンションの事例で言えば、住み心地の良さを破壊し資産価値を下げることは許されず、むしろ引き上げることを考えなければならない。それも今までのような祭りの費用の一部寄付等ではなく、新製品開発の市場調査パネルやクラウドファンディングへの投資等、新しい時代にふさわしいギブ&テイクの関係構築が期待される。法人（事業所）自身が住民の一人であるという基本認識のもとＣＳＲ活動の一環として明確に位置付け、社内および地域社会への浸透に努める必要がある。

ところでマンション管理組合の理事会活動や法人住民としての地域社会活動は、当然すべてボランティア活動である。企業のステークホルダーの一つであり、従来よりも大きな重みを持つと言われる地域社会を支えるボランティア活動とは、本来どのような活動であろうか。

ボランティアとは

先述したマンションコミュニティには、住民のボランティア活動に期待する様々な仕事がある。それを専門的に検討する機関として、いくつかの委員会が常設されている。住民にとっての問題を検討する委員会はともかく、実際に行動するボランティア活動には注意が必要である。ハロウィンやクリスマスツリーの飾り付けや植栽維持のグリーンボランティアへの住民参加は、直接効果だけでなく、コミュニティの健全な形成にも大いに役立つ。ところが設備修繕委員会やＨＰの設計に関する委員会で、具体的スキルを持った方がボランティアで実際の修繕やシステム開発をしてあげようという申し出があったときは難しい。要するに、仕事の責任は誰が持つべきなのかという問題が生まれる。

仮にボランティアの方に修繕や開発していただいた設備やシステムでトラブルがあったとき、みんなが困っているので至急調整してほしいとは言えない。無償の行為だからである。自主的に、無償で、みんなのために、というボランティア活動の三条件がすべて揃っているので、至急依頼すれば普通はやっていただけるし、本人にもやってあげようという気持ちが十分あることは、伝わっている。ただ自分の生活費を稼いでいる仕事を放ったらかしてまで、やっていただくわけにはいかない。来月に修理してあげようなどと言われると、せっかくの善意のおかげで、仕事が完了するまで、住民が迷惑を被ることになる。役員会で種々検討の結果、結局、専門業者に有料で発注することに決定した。設計や運用上の問題が発生したとき即座に作業依頼すること、および損害が発生したときに補償請求を無償行為者に対しては要求できない、というのがその理由である。

ボランティアの定義については、国連、赤十字、厚労省等にも、いろいろな表現があるが、一般的には「自発的な意志に基づき他人や社会に貢献する行為」で、活動の性格としては、自主性（主体性）、社会性（連帯性）、無償性（無給性）の三つが挙げられる。日本では必ずしも無償性が必須条件と捉えていない人も多く、『有償ボランティア』という言葉がかなり行きわたっている事実がある（仏では無償ボランティアと有償ボランティアが法的に明確化されているとのこと）。

有償ボランティアが労働者であれば、労働者保護法（労働基準法、労働安全衛生法、最低賃金法、労災補償保険法等）の適用対象となる一方で、パートタイム労働市場の労働条件を脅かす側面も考えられる。さらには日本の「労働者」の法的判断は、対価性と使用従属性にあるため、使用従属性があるボランティアとは、言葉の本来の意味からも矛盾しており、ボランティアの精神性が問われる問題となる。

この経験は、報酬（お金）には責任がセットされており、報酬無し行為に対する責任は問えないこと、善意のボランティアによる自主性、社会性（社会に役立つ）があっても、無償性のもとで依頼してはいけない仕事があることを教えられた。要するに、仕事にはすべてResponsibility が絡んでいる（既述の「責任コンセプト」参照）のは当然として、日本語の責任問題に発展する可能性のある業務をボランティアに頼んではならず、またボランティア自身は頼まれても了承してはいけない。

地震被災地や水害地を助けに行く時には、泥の掻き出しに協力しても、被災住戸に設置してある自家発電機は修理しない方がよいということである。修理ミスで発電機が壊れたとき、誰が弁償するのかという問題が発生し、せっかくのボランティア活動が、人間関係のトラブルを引き起こすことになるからである。ゆはりお金には、社会を正常に機能させる力があるという事例である。

ボランティア活動に参加した経験が、入学試験や入社試験の評価項目の一つになっている。試験に有利になるのでボランティア活動に参加するのは、自主性のないボランティア（語源は志願兵）という言語矛盾でもある。ボランティアとは何か、なぜ大切なのか、ヨーロッパとアメリカで性格が異なるのはなぜか、日本での導入経緯等については、一通りの知識を持って参加すべきであり、参加時間だけを競うことのないように望みたい。

ステークホルダーの〝責任〟

言うまでもなくここでいう責任は、日本語の責任を取れの責任ではなく、Responsibility の意味である。そこでは、企業が一方的に責任を果たす関係ではなく、ステークホルダーにも責任があり、その相互関係を深化させる中で企業もステークホルダーも双方が社会の一員として成長することが、ＣＳＲ活動の真の意義でもある。

一番大きな行動は、やはり企業の発信に対する受信と返信であり、言いたいことは遠慮なく発信することは権利でもあり義務である。図33のステークホルダーの中で、関係が最も薄くなりがちなのは地域社会であるので、その地域社会がなぜステークホルダーであるのかを、企業側は明確化しておく必要がある。工場が存在する地域であれば、分かりやすい。企業城下町と言われるくらい影響の大きな場合は別にして

図36　社会人の基本能力

昔；読み・書き・算盤

今；読み・書き・IT・聴く・話す

受信；
・内容理解
（相手中心）
聴読

《コミュニケーション》

考

発信；
・内容整理
（相手中心）
話書

コミュニケーション阻害要因；・組織・立場・責任回避
・目的不明（非共有）・人間関係・空気・思考癖

も、大人だけでなく小中高校生向けの工場見学は、企業の存在感、企業（工場）の実態、さらには企業が地域社会をどうとらえているかを説明する点からも大切なイベントである。一定の参加人数確保策の検討は、企業側・コミュニティ側双方で協力してアイデアを出し合う関係が望ましい。それを通じて、既述の商品開発業務やクラウドファンディングといった、新たなウインウイン関係を築く努力が望まれる。

図36にあるように、昔は読み・書き・算盤のできることが、社会人としての必須能力であった。それを現代版にすれば、読み・書き・IT・聴く・話す、となる。その中でコミュニケーションは、昔よりも難しくなっている。特に難しいのが、人間は一般に、聴かず（相手の言いたいことを必死にきかず）に「聞く」（自分に都合の良いことだけをきく）ので、コミュニケーションには努力が必要となる。外国語が氾濫し、一部の若者言葉もあり、相手が何を言おうとしているか真剣に聴かないと分からない。その努力を避けようとすると、狭い仲間内だけのコミュニケーションに終始し、引き籠ることになる。

企業が地域社会とよい関係を構築することは、社内だけの狭いコミュニケーションから脱する絶好のチャンスであり、相手への思いやりをベースとした継続的な受信発信力が問われる。欧米に比し、日本人はどちらかと言えば内向きコミュニケーションが得意で、見知らぬ人との外向きコミュニケーションは不得手な人が多い。今後は、ダイバーシティがベースのグローバル時代にふさわしいスキルを身に付け、見知らぬ人、異なる文化、異業種等に強い好奇心を持ち、自分の知らない世界にアプローチして新たな関係を構築していく外向きエネルギーの大きさが、企業競争力の重要ポイントになる。

ステークホルダーの図33をずっと見ていると、どうしても自社を中心とする社会を考えてしまう。実際はそれぞれが中心となる同心円状の絵を描いており、大げさに言えばそれらの絵を合わせると地球上のすべてが結ばれることになる。その関係を相互にオープンにしながら、ある事業にとって意味あるネットワークの存在に気付き、働きけることができるようになれば、新たなビジネスチャンスを見出すことも可能になる。

5 活性化のエネルギー源

元気な起業家が事業を成功させ、多くの人に影響を及ぼしながら社会を革新していくには、人並み以上のエネルギーが必要となる。人間はみな、いずれ死んで元気はすべて無くなるのであるから、死ぬまではできる限り元気な方がよい。そのエネルギー源は、志ある個人が「実践を通じた多面的で柔軟な思考力」を習得し、「個々人の総合的能力（＝総合点）が存在し、それがピラミッド状に分布している」という思い込みを打破した上で、目的達成のためのチームワークを構成できるかにかかっている。それこそ、「新しい和」の文化がベースの仕事の仕方であり、日本の強みを発揮するときである。

前向き議論・後向き議論

優れたチームマネジメントとは、換言すれば前向き議論がうまいということでもある。企業内における前向き議論とは、ある課題達成の具体策検討会で、参加者から次々とアイデアが出され、結論までまとまったときのイメージであろう。論理学用語の一つの二項対立とは、ある言葉（概念）を理解するには、対立する言葉（概念）と比較すれば分りやすいという意味である。そこで後向き議論について先に検討してみよう。

後向き議論とは、出されたアイデアが実現困難である、あるいはやらない方がよいという結論に導こうとする議論が一例である。どうすれば達成できるかみんなで考えよう、と言っているのに、他人が出したアイデアの問題点ばかりが頭に浮かび、やらない方がよい、という意見を常に述べる人がいる。その上なぜやらない方がよいかという膨大な資料を作ってくれたりする。山に登りたいと思う人々が集まって、登り方の検討をするとき、登りたくない人を参加させることには意味がない。

ＴＶでよく見る各党代表政治討論会は、日本にとってベストの結論を見出そうと考え議論している出席者はゼロで、自分の党の主張が一番優れていると国民に印象付けることを目標に話している。したがって出席者が他党の人の意見を聞いたとき、なるほどそれは正しい、などということはあり得ない。そんなことをすれば、討論会終了後、自分の党内から猛烈な非難を受ける。討論会の主旨を誤解してＴＶを見ると無駄な時間を費やすことになる。

また社会的マイナス評価が社会に行きわたっている言葉（レッテル）を相手に貼り付けて議論の勝者となろうとするケースもある。トランプ大統領が民主党を非難するため、共産主義者というレッテルを貼る類である。議論をまともにしようとしない人々がしばしば使う手である。

組織の目的・目標議論は、個人の希望や価値観が絡むので誰もが意見を言える、そのとき、ロジカルシンキングの得意な人や官僚タイプの人は自分の得意領域に土俵を移すため、規則に関する手続き論に持ち込もうとするケースも非営利組織では、よくあるケースである。

明治維新のとき、薩摩長州の争いを日本国のためにという上位価値観で説得しまとめ上げたことは適切であった。福沢諭吉も〝日本国は重し、諸藩は軽し〟と述べている。一方、その逆の事例を、ステークホルダーのところで述べた。議論が分かれ暗礁に乗り上げたとき、「多数決で決めるのが民主主義でしょう！」という論理には説得力が十分あるように思えるが、住民の多くが理解不十分な状況では、投票結果が仮に51：49となれば、コミュニティは騒然とする。投票してケリをつけることより軋轢を避けることの方がコミュニティにとってはより上位価値観である。さらに、その案件はどうしても今決める必要があるのかという視点が、民主主義は多数決という一般論を退ける力となったのであった。この、より大きな価値観の持ち出し方以上に難しいのが、正常な議論が感情論に押しつぶされるときである。

福島第一原発のようなあれだけ大きな事故でも、目的は再発防止という議論の軸が常にぶれ、本質的対策が骨抜きにされるのは、未来の再発防止対策が過去の個人責任追及に変質するカルチャーの存在の根強さを関係者が熟知しているからである。一般には、自由闊達な議論や、よりよいコミュニケーションを邪魔する最も大きな要素は、発言者が自分の立場やこだわり（今までの自分の人生の正当化）を捨て切れないことにある（図36参照）。それが自分の意見に反対した人に対して敵意を生むことになり、正常な議論の妨げとなる。

それを防ぐ一案として、立場等が邪魔をしそうな重大案件の議論は二回行うこととし、一回目は出席者全員がマスクをして顔を隠し、音声も変換して議論する、二回目は一回目の議事録を見ながら通常のやり方で議論すれば、かなり正常な議論ができる可能性が高くなるかもしれない。いずれにしても健全な組織では、目的に対する参加者の納得度の高い状態を作り、そこで侃々諤々、自由闊達な議論をするクセをつけておくことが、起業が企業になったとき、大きく影響する。正常な議論をベースとする基本的な企業風土の形成は、小規模組織時代に出来上がるといっても過言ではない。

福沢諭吉は「文明論の概略」の中で議論の仕方についての注意点をいくつか述べているが、その中に〝極度と極度をもって議論するな〟という個所がある。二項対立がしばしば陥る議論の誤りを指摘したものである。

二項対立とは

健康食品事業の職に就いたとき、私自身の最初のリサーチクエスチョンが、健康とは何か、となったのはごく自然である。ところが、健康の定義はなかなか難しい。健康を定義しようとすると、その反対概念である病気を持ち出して議論するとより明確になっていく。世界保健機関（ＷＨＯ）の定義では、「健康とは、身体的、精神的、社会的に全てが完全に良好な状態であり、単に病気がないとか衰弱していないということではない」とある。これでは、世の中にはほとんど健康人はいないように思えるが、みんな病人だともいえない。換言すれば、病人、病人でない健康人、本当の健康人の三項対立が国連の定義と言える。海の説明を、陸の説明な

図37 意思決定のグレシャムの法則

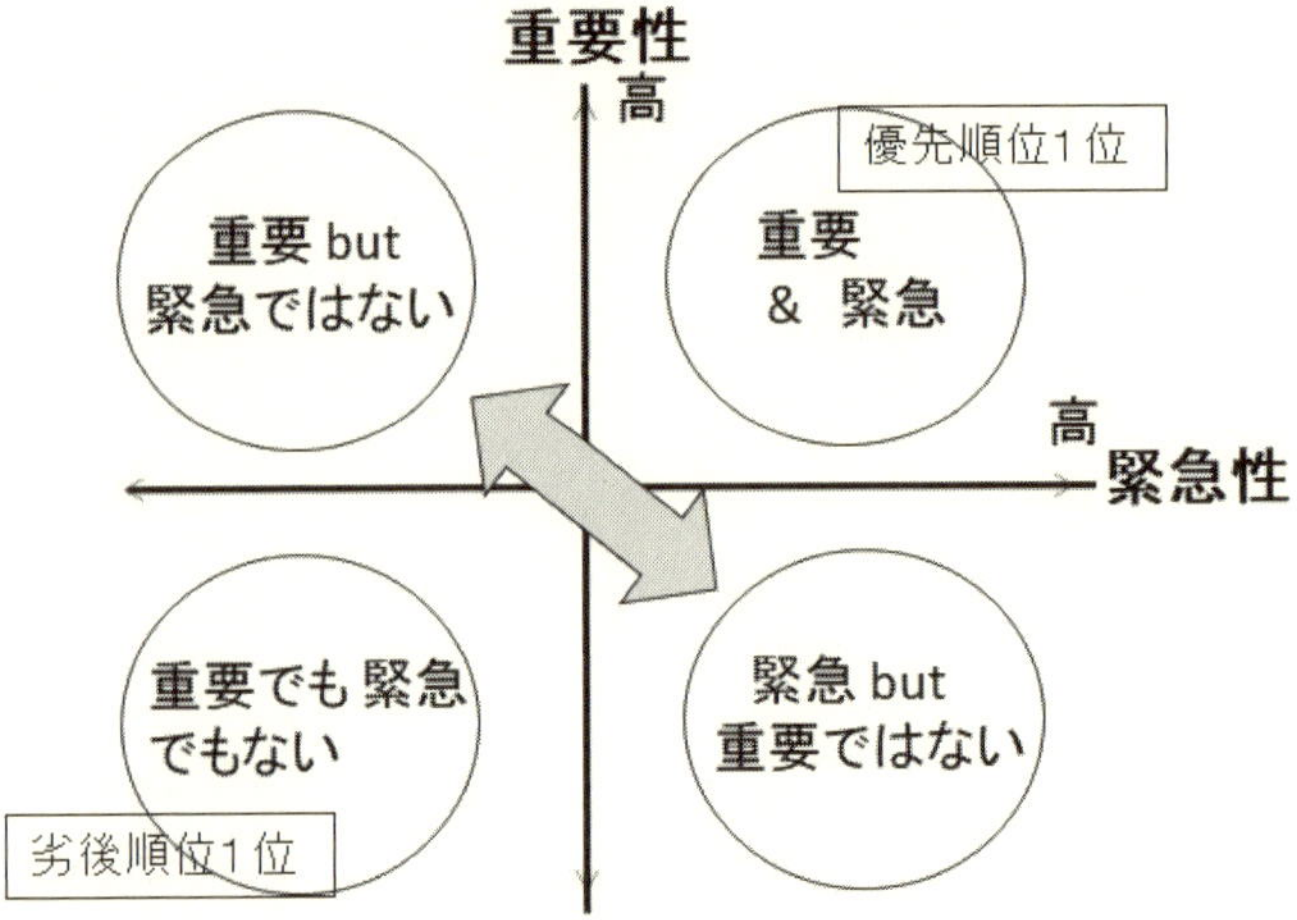

しに行うことは困難である。バーチャルとリアル、具体と抽象、生と死、等々、いずれも同様といえる。

戦は勝つか負けるかのどちらかと誰もが思い込んでいた二千五百年前に、戦わずして勝つ、と言ったのは、孫武（孫子）である。「戦って勝つ」と「戦わずに勝つ」とは別と考えれば、戦は四項対立となる。会社は株主のものか、従業員のものかという問いは正しいかと言えば、図7のステークホルダーによれば、現在では六項対立案件かもしれない。

意思決定のグレシャムの法則（図37参照）は、四項対立表現ともいえるが、意思決定者が留意すべきことからすれば、重要であるが緊急ではない仕事と、緊急であるが重要ではない仕事の二つであるので二項対立ともいえる。ステークホルダー議論のように、それぞれが大切という論旨の場合はいいが、対立関係にあることの熱心な議論となれば縦軸・横軸で切り分けた四項が限度である。四よりは三、三よりは二と少ない方が考えやすい。それが二項対立の持て囃される理由の一つである。全体が二つに分けられる軸を考え出すことと同時に、本当に二つの部分に分けられる問題であるかどうかには、常に注意が必要である。

中央と地方、善と悪、分析と総合、形式と実質、センター重視か現地重視か、スペシャリストかジェネラリストか、戦略重視か現場重視か等々のうち「と」で結ばれている間はみんな落ち着いているが、「か」で結ばれると途端にケンカ腰となる。論理学でいう二項対立には、互いに排他的であるが全体のシステムを形成している、という条件がある。

その観点からみると、二項対立でないものを二項対立と思い込んで、無駄なケンカをする場合も少なくない。本書で何度か取り上げた富と志が二項対立であれば、強欲資本主義か清貧志向かのいずれかとなり、従来と何ら変わらない。清貧志向は個人の生き方としては何ら問題がないが、社会をよくするにはパワー不足であることは明らかである。清く豊かに生きることがどうしてできないのか、その実現を通じてもっと社会をよくすることができるのではないかが、本書の主題でもあった。

個人の能力・組織の能力

日本の受験戦争は相変わらず激しい。個人の能力については、疑問を持たれながらも根強い信頼度を確保しているのが偏差値である。受験勉強とは、正解のある問題に対して、必要なデータを脳内のデータ記憶庫から、その処理方法を脳内のデータ処理方法記憶庫から取り出し、正解に至る道に整理して並べることであり、その検索の適正度合いとスピードを競うゲームである。ゲーム結果は当然正規分布しており、ピラミッド状に表現される。そのゲームを五歳から二十代半ばまで毎日長時間続ければ、問題解決に対する思考（脳細胞の形成）パターンの固定化および、個人の総合的能力（＝総合点）の存在とそれは偏差値で表現されると思い込むことは、防げない。

その脳を持った人間が社会に出れば、偏差値の低いグループは与えられた仕事に取組んでも、自己肯定感を到底持てない状態の生活を継続することになり、偏差値の高いグループは正解のない実際問題に対して自ら考えることなく、ベテラン社員に尋ねる、あるいは前例を探し出して答を出そうとするのは、ごく自然なこと（悪しき官僚主義組織では、それは評価される能力でもある）である。

次代を担う若者が、仕事に対するエネルギーを発揮できない構造が出来上がっているとすれば、社会にとって由々しき大問題である。環境が変わり、ＡＩの出現、進歩により、単なる偏差値の高いグループの仕事はコンピュータの方がよほど得意であり、人間は到底敵わないことが明確になってきた。そこで受験勉強でも次第に思考力を問う、すなわちその時点の自分の全知力を用いて考え、答を出す以外にない試験問題が増えてきている。本当は、その考え説明することに加え、実行力検査の試験問題があればよいが、方法論からも当分期待することはできない。

問題の解決には、先ず自分で考えなければならない。自分で考えるには自分で考えるクセを付ける以外ない。ソフトバンクの孫社長は、部下に対し、「脳みそが千切れるほど考えてくれ」が口癖だったという。そのくらい考える経験を何度かすれば、結果には関係なく自分で考えるということが実感でき、考えるクセだけは身に付くにちがいない。

自分で考える、ということの次に重要なのは、他人の知恵の活用であるが、それを実現するには、図36で述べたコミュニケーション能力が力を発揮する。ただし、何かいい解決策を教えてほしいと頼めば、了解、という人は滅多にいない。コミュニケーションとは基本的にはギブ＆テイクの関係である。まずギブしなければ、テイクは期待できず、教えてくれたとしても正しいかどうかは分からない。ほとんどの実際問題は創造的解決を求めているので、過去の解答やありきたりの解答は参考にならない場合も多く、意見を戦わせながら、最良の案を探していくこととなる。

「3専門家の仕事」の所で「人は皆それぞれ一組の Multiple Intelligences（多重知能）を持っている」というハワード・ガードナーの言葉を紹介した。人間の知は一つではなく、七〜十個あるという。それに性格やその他様々な要素を加えれば、特定の能力が突出した人間や全般にバランスの取れた人間等ユニークな組合せができ、それが個性と言われるものになる。その組み合わせがある仕事と結びついたとき、自らの価値や存在意義を肯定する自己肯定感を獲得でき、自己実現に結びつく可能性も出て来る。仕事を通じ、これら多数の知能や性格が相互に影響し絡みながら進んでいくことによって、各知能（脳）にも成長を含め、何らかの変化が生まれる。つまりある個人Aさんは、五年前のAさんとは特定の能力、あるいは総合的な能力（総合点ではなく、能力の分布、バランス）が変化しているのは明らかである。

個人の継続性という観点から氏名は以前と同じであるが、実質的な変化状態を本人と上司が常に確認することが人事管理の基本である。人間を前向きに理解しようとすれば、Aさんを一旦別人物とみなすくらいの姿勢が望ましい。戦国時代の武将は、幼名（竹千代等）を持っていた。事情は異なっても自分の過去と決別する機会の設定は、人間の成長、教育観点からは一考に値する。上司のもっとも重要な仕事は、会社が抱える課題を前提として、部下Aさんの現在の能力分布を適切に把握することと、今後与える仕事が本人にどのような影響（成長）をもたらすかを想定し、結果を見て修正していく。その状態をAさん自身も納得し共有すれば、素晴らしい上司であり、素晴らしい上下関係が生まれる。

仕事の能力把握で難しいのは、ガードナーの十分類では到底足りない能力表現である。真面目な管理者に限って社員の知能の階層的分類表現を試みる。詳細な一見システマティック風なものを作り上げると、逆に負の側面が大きく出て来て、ほとんどが失敗に終わる。簡単に形式知化できない代物が人間の能力であると考えた方がよい。創造力の原点である人間の脳内の知能を、形式的にパターン化しようとする試みは、十個くらいまではよいが、それ以上詳細に分け、その詳細項目に意味を持たせようとする試みは、人間の多様な能力の本質からしても無理なようである。要は、本人も周囲も、個人の能力を固定化して見るクセを改め、ダイナミックなプロセスの中で個人能力を把握することが大切となる。既述した百年前の文系・理系の二項対立的人間分類により、本来活躍すべき日本人の膨大な知能が、塩漬けにされてきた歴史を振り返ってほしい。

個人と同様、組織にも能力分布とそのバランスがある。会社は組織で動くため、個人能力が高くても会社の組織能力が高くなければ意味がない。特に起業立ち上げ時点では、起業家自身が積極的に関与する一点突破の強い武器（社長がリーダーを強めるチームマネジメント）により、競合が出てきても打ち破ることができる場合が多い。第１章４リスク管理で述べた定常業務での致命的ミスにだけは注意しながら、差別化能力部分の強化に全力で注力することがこの段階の仕事である。

この時期のポイントは何といっても、事業プランの魅力、揺るがぬ理念の魅力、起業家の人間的魅力によって、「優秀な」社員と支援者をどれだけ集められるかにかかっている。社員は、起業家本人と一緒に仕事をすることが面白いので、また今は人並みな報酬でも、将来増えそうだから集まってくるのである。もし資金が不足する場合は、返済の必要な融資ではなく、出世払いによる投資がもっとも理に適っている。出世払いの実行（たまに悪気なく忘れる人がいるが大きな機会損失である）は更に組織を強くする。事業が一定の成功段階に達成したとき、参画したメンバーは全員、これほど充実した生を過ごしたことがないことに気付く。元気な個人と組織の原点である。

超複雑化時代の行動スタイル

組織力とは多人数の総合力である。その総合力を引き出すためのキーは、リーダーによるリーダーシップだと言われてきた。目的・目標が分りやすい課題はその通りであるが、現代の超複雑問題に対しては、リーダーを含めた各個人の能力（七つあるいはそれ以上の能力の分布状態）の相互理解が、チームマネジメントが成果を挙げる前提条件となる。各人の能力分布とそれらを合わせたチームの能力分布に関するコンセンサスを形成しながら、問題解決に必要な創造的能力を状況に応じて臨機応変に引き出し、発揮させる力が、今後のリーダーシップとなる。

そこでは、リーダーはもちろん各メンバーが仕事のための自分の役割を自覚しているので、行動は基本的に自主的であり、状況によっては一時的にリーダーを交代する行動も容認される。リーダーシップは、リーダーが取るのではなくチームが取る、という表現もあり得るかもしれない。

第1章5トップマネジメントで述べたバランスの取れた組織脳を作り上げていくこと、そのチームの中でのリーダーの新たな役割を考えていくことこそが今後の課題となる。優れたチームマネジメントこそが組織を活性化し、個人と組織が持つ潜在エネルギーを顕在化させるキーである。

企業規模が一定の大きさに達したとき、簡単には解決できない問題に遭遇すると、頭脳明晰で論理的能力に優れていると思われる人間をリーダーにし、彼が要求するメンバーを割り当てて解決しようとする。ところがどんなに優れたリーダーでも、問題の複雑さや解決の難しさから考えると、彼（彼女）の能力ではたかが知れていることに気付かない。複雑化社会の課題は、〔優秀なリーダー＋作業員〕ではなく、チーム全員の能力を総活用しなければ解決できないケースがほとんどとなっている。

それらの結果、自信のある答が見つかったとしても、何事も実際にやってみなければ分からない。その実行の結果得られた成功知・失敗知を、実践知→組織知としてまとめて活用していけば、企業はさらに発展する。自分で考え、仲間を作り、実践し、その結果を生かす、そのプロセスを通じて当事者も成長するというサイクルを回せば、みんなが元気な組織が生まれることになる。

近代は、ヨーロッパの〝長い十六世紀〟から始まった。民主主義や資本主義、産業革命、情報革命等を経て、人々が信じてきた〝歴史の進歩感〟が遂に壁にぶち当たったのが現代である。どのような意見にも何とでも言い返せる価値観混乱時代には、他人の考えを書斎の論理で批判しても自己満足に終わるだけなので、各個人がそれぞれ自己主張に基づいて行動し、その結果で勝負する、あるいはその行動の中から得られた仮説（実践知）を提示し、実践を通じて説得する人の輩出が望まれる。トランプ大統領もその一人と考えれば、歓迎すべき人なのかもしれない。

二十一世紀は複雑性という軸で見れば、明らかに有史以来経験したことがない超複雑化社会である。世界は情報だけでなくすべてがグローバル化し、価値観が多様化して原因も理由も理解できない争いや紛争・戦争が絶え間なく続いている。また自国第一主義等の超複雑化社会を強引に単純化するシンプルスローガンで、短期的権力を獲得していく動きも強くなっている。その乱暴な単純化論理を叩きのめす論理や哲学を社会が失ったことが、超複雑化社会をもたらしたといえる。

「出る杭は打つ」という変革を好まない文化の変革を、自己実現と社会貢献を両立する起業、という世界で実践しようとしているのであるから、後ろ向き非難に負けるわけにはいかない。出る杭を打つ非難者が行動とセットであれば一考に値するが、行動を伴わない非難、批判は無視すべき場合がほとんどである。それが独善を避ける唯一の判断基準となる時代であり、返って動きやすい。これだけ言ってもこのメッセージ自身を非難、批判する人は、よほど実践行動を恐れる人である。その観点からは、出る杭となる起業家の輩出こそがもっとも望まれる。

社会は自らのキャパシティの大きさから、組織規模と社会的影響力の小さい起業家の独自行動は余り規制することなく容認している。大企業が同じ行動をすることは、難しい。換言すれば、起業家の自由な行動は社会的要請であり、志ある起業家はその状況を大いに活用し、自分の望むことを自己責任で遠慮なく思い存分行動してほしい。起業は成功すれば、いわゆる中小企業や大企業になる。その時の姿が、現在の中小企業や大企業と同じでは、同じ課題を抱えた社会における登場人物の交代に過ぎない。旧日本的経営の打破はもちろんのこと、アメリカ的強欲資本主義をも超えた新しい社会の萌芽となるよう支援していきたい。

起業家三名の実践事例

数年前までに起業した起業実践者三名に、「自己紹介・事業紹介・事業の現状・今後の夢」を簡潔に語ってもらった。平成三十一年（二〇一九年）三月二日に開催されるＥＬＰＡＳＯ会五周年記念シンポジウムでも報告してもらう予定である。一方的報告に終わることなく、参加者各位の積極的議論（報告時、コミュニケーションパーティー、後日様々な場で）に発展することを期待したい。

実践事例①

橋本　舜

●自己紹介

一九八八年生、三〇歳。東京大学教養学部卒。株式会社 DeNA に新卒入社。オンラインゲームのプロデューサーを経て、駐車場シェアリングサービスや自動運転移動サービスの立ち上げ、等の新規事業を担当。二〇一六年四月にベースフード株式会社創業。「主食をイノベーションして健康を当たり前に。」をミッションとし、世界初の完全栄養の主食"BASE PASTA"を開発。現在、社員12名で国内での普及や海外展開の準備を進めている。

●事業紹介

ベースフード社はビジョンとミッションの達成に真っ直ぐな会社である。

ビジョンは「人生を楽しみ尽くす基盤のある世界に。」であり、一日一日を、人生最後まで、楽しみ尽くせる、〝健康〟という基盤のある世界を目指している。

ミッションは「主食をイノベーションし、健康をあたりまえに。」であり、かんたん、おいしい、からだにいい、すべてをあきらめない未来の主食をつくり、文化的に広め、低価格で量産し、だれもが健康でいられる社会を作る、ことを社会にお約束している。

そのために、厚生労働省が策定を取りまとめている「日本人の食事摂取基準（二〇一五年版）」にある栄養素の内、摂りすぎの懸念されるものを除き、一食分の全てを過不足なく含む、栄養バランスのよい主食ベースフードを作っており、第一弾として、麺のベースパスタを販売している。「かんたんで、おいしくて、からだにいい。すべてをあきらめない未来の主食。」を掲げており、麺をササッと食べるだけで、栄養の心配をしなくていいことが、お客様から評価されている。現代の栄養学を用いつつ、主食を、小麦粉だけでなく、チアシードや昆布等の栄養豊富な食材を練り合わせて、なるべく自然な形で、主食を栄養バランスのいいものにアップデートしている。

●事業の現状

ベースパスタ、ベースパスタの即席カップパスタ版、及び、ベースラーメンを販売している。自社Ｗｅｂサイトでの販売を中心としつつ、即席カップパスタはナチュラルローソンでも販売しており、ベースラーメンは有名ラーメンブランドの凪でも導入されている。また、ベースブレッド（栄養バランスの良いパン）の開発も進めている。健康は習慣が重要であるため、定期購買をお薦めしており、定期購買者数は二千人を超えている（二〇一八年一二月時点）。実績として、二〇一七年二月に Amazon で販売開始したところ、Amazon 食品人気度ランキングの全体で一位を獲得した（※現在は Amazon では販売していない）。

二〇一七年度のグッドデザイン賞を受賞し、メディアでも多数掲載されており、二〇一八年一二月一一日の「ガイアの夜明け」でも特集して頂いた。

サンフランシスコにもオフィスがあり、社員二名が常駐し、アメリカでの販売開始を準備している。

●今後の夢

栄養インフラ企業を築きたいと思っている。例えば、水道がある社会では、誰でも清潔な水を利用することができる。食品メーカーとして、食品を作るだけでなく、どんな人にでも、食品を届け、利用をサポートする、ことまで取り組みたい。食事は生きる喜びであり、楽しさが大切なので、ベースフードはおいしく楽しいと感じてもらえることで、健康に関心のない人にも手にとってもらえるものになりたい。

また、日本発のグローバルカンパニーを作りたい。日本の食事は美味しくて健康的である、と世界中の人達から思ってもらえているので、ここを起点として世界中にベースフードをお届けし、世界中の人達の喜びと健康を支えて、日本人が世界から感謝されるようになると嬉しい。

実践事例②

清水美雪

●自己紹介

株式会社メディカルラボパートナーズ代表取締役、元テルモ株式会社主任研究員。千葉大学大学院、多摩大学大学院卒。医学博士、経営情報学修士。

●生い立ちと起業まで

私の幼少期の記憶は、三歳ごろから始まる。サラリーマンの父と専業主婦の母、弟と共に、父の仕事の関係で八歳まで台湾で過ごした。私のアイデンティティは、おそらくこの頃形成されたと思われる。現地校の幼稚園、台北日本人学校に通い、他の人と変わらない成長を遂げたと感じているが、以来、私は頻繁に「自由人」「変わっている」と言われ、この頃の経験が他の人とは違う思考にさせたと考えられる。また、様々なことに興味を持つ性格、南国特有の細かいことを気にしない性格もこの頃に形成されたと考えられる。

帰国から数年後、私は頌栄女子学院中学校に入学した。この学校の教育が、私をさらに起業に繋げたと思われる。この学校は、自立した女性、世界にはばたく女性を形成する教育に力を入れているミッション系スクールであり、「隣人を愛しなさい」と言いながらも、「利己主義ではなく、個人主義を貫きなさい」と口にする校長先生、個性を大切にする先生方の下で、私は自由奔放にのびのびと育った。この頃の友人は、現在も国内外問わず、活躍している人が多く、起業している人も多い。この学校では英語教育が盛んで、私は英語が好きになった。また、もともと理数系が得意であったため、いわゆる「リケジョ（理系の女子）」となり、「二〇年後は、試験管をじっとにらんでいる」と卒業アルバムに書くほど、化学が好きになった。

千葉大学で化学を学び、卒業後、テルモ株式会社に入社して初めて医療機器に出会った。医療機器は、化学や生物、医学の様な様々な学問を横断的に利用してできており、開発には非常に幅広い知識を必要とする。この幅広い知識を必要とする点が、好奇心旺盛な私の性格に合ったのかもしれない。私は、医療機器開発は自分の天職だと思う様になり、その社会貢献度の高さもあって、医療機器開発が大好きになった。開発者として様々な経験を積み、自由な発想を強みとして新製品の開発を担当していたある日、「開発を行いながら、新事業を起こしてほしい。」と言われ、新たな部門の長を命じられた。それまで、開発ばかりを行っており、研究の技術だけを磨いてきた私にとっては、事業を起こすために必要なことが全く分からず、途方に暮れてしまった。社内でも一〇年以上新事業は無く、頼る人もいなかったため、困り果てて社会人でも通える多摩大学大学院に入学した。

多摩大学では、「実学主義」のスローガンが示す様に、様々な実務経験を持つ先生方、様々な専門を持って仕事に真剣に向き合う友人たちに出会い、その中で研究科長をされていた橋本先生に出会った。大学院では、期待通り、社内の新規事業を起こすために必要な要素を細かく学ぶことができ、卒業する頃には新事業創出の世界観が頭の中で形成されていた。また、大学院で出会った友人たちの中には、自ら起業する人や新たな会社を運営する人が現れ、起業ということが、自分の世界の中に存在するものになっていた。

社内では、大学院に通ったお蔭で、新規事業を提案できる様になり、立案した事業シナリオに従って様々な製品の開発を進めることができていた。また、部門のメンバーも増え、研究開発部門全体の運営や会社経営における研究部門の在り方などを考える立場となっていた。この様な中においても、さらなる新製品の開発に向けて、「自由人」ぶりを発揮し、医療現場でのヒアリングや調査などから新製品の探索を続けていた。しかし、医療現場の反応が良いにも関わらず、会社が求める売上に売上予測が達しない発案が続き、医療現場のニーズにきめ細やかに対応するには、別の企業との医療機器開発が必要なのではないかと感じていた。

この解決策について思案していた時、ふと、自分がコンサルタントになって他の企業に関われば、医療現場のニーズにきめ細やかに対応できる小回りの利いた医療機器を開発でき、また、一度に多くの医療機器を開発することができると思った。

これをきっかけに、独立を決意し、最初に支援を求めたのが、丸和育志会をやっていた橋本先生であった。その後、丸和育志会で出会った日比野雅夫さんに担当になっていただき、定期的に相談することで、ふと思った日から半年後、私はテルモ株式会社を退職し、「医療現場に即した研究開発から健やかな生活を想像します。」を企業理念とした、メディカルラボパートナーズを起業した。

●事業紹介

株式会社メディカルラボパートナーズには、以下の三事業がある。

①医療機器開発コンサルティング事業

②研究サポート事業

③ＨＡＮＡ事業

収益の99％以上は、①の医療機器開発コンサルティング事業が担っている。この事業では、医療機器の開発を希望する企業、医療機器業界に新規参入する企業を対象に医療機器の開発方法、マーケティング方法をコンサルティングしている。一般的な経営コンサルティングと異なり、医療機器開発は、教科書となる物がほとんど無いことから、伴走して、顧客企業の問題を一つ一つ一緒に解決しながら開発を進めるスタイルを取っている。

また、この事業の中では、人材育成として、全国の地方自治体、企業内でのセミナーを行っている。二〇一六年日本再興戦略に国産医療機器の開発とその海外展開が盛り込まれたことから、現在、経済産業省、厚生労働省を始め、各地方自治体が企業の医療機器業界参入を推進しており、そのための参入支援セミナーの講師を務めている。弊社としては、このセミナー開催が営業活動となっている。

さらに、医療機器開発コンサルティング事業では、地方の顧客や伴走型のコンサルティングを不要とする顧客に対して、メールのみでコンサルティングを行う「MediQ」というシステムを行っている。これは、毎月定額制のメールコンサルティングシステムで、登録した企業は、疑問が生じた時にメールでMediQに質問すると、弊社のコンサルタントから回答をもらえるというシステムである。弊社は、このシステムを行うために、様々な専門を持つ医療機器メーカー出身者と契約し、弊社独自のコンサルタントチームを形成している。

二つめの事業として、研究サポート事業がある。私がこれまでに多くの病院と共同研究をする中で、多くの医師、医学部大学院生、看護師が、研究のやり方が分からずに困っている状況を目の当たりにしてきた。そのため、医療従事者の臨床研究のプロトコール作成などを支援する事業を行っている。

三つのめ事業として、HANA事業がある。これは、現在、感染の観点から生花の持ち込みを禁止している病院が多いが、花が好きな患者は多い。そのため、生花を病院内に持ちこめる様、特殊なバルーンで生花を包み、病院に配送するという事業である。

私は、自分の趣味として生け花を行っており、以前より花に関する仕事をしたいと思っていた。また、テルモ在職中に点滴バッグの開発を行っていた為、包材の専門知識を持っていた。そのため、これらの知識を融合し、この事業が誕生した。この様に、事業領域を自分の意志で自由に広げられるのも起業したメリットであると考えられる。

●事業の現状

起業から三年を迎えた現在、事業は順調に成長している。

初年度、資金繰りと顧客開拓が最大の課題であったが、日比野さんのご助言によりビジネスプランをブラッシュアップできたお蔭で、丸和育志会の優秀プロジェクトを受賞することができた。また、中小企業庁の創業補助金を得ることができた。この二つの資金のお蔭で、始めの二か月間で医療機器開発を支援する全国の自治体窓口を訪問することができ、スムースな営業活動を行うことができた。

この営業活動や交流会への参加により、起業一か月目からコンサルティングする顧客を獲得することができ、事業の可能性を感じることができた。そして、起業から三か月後と半年後に、東京と大阪で一回ずつ無料の医療機器開発セミナーを開催したところ、どちらも一〇名程度の参加者であったが、その中から地方自治体でのセミナー開催や顧客獲得に繋がり、顧客獲得のコツをつかむことができた。しかし、初年度は、国の事業や地方自治体からの依頼によるコンサルティングやセミナーの割合が多かったため、二年目には、自社での顧客獲得を目標に活動を行った。

自社で顧客を獲得するためには、様々な種類の相談に応えられる体制を作らなければならないと考え、MediQ のシステムを立ち上げた。このシステムにより、多くのコンサルタントと契約することができ、多様な相談に応じられる体制を整えられた。そして、体制が整っていることをセミナーで宣伝することにより、自社に直接依頼してもらえる顧客を増やすことができた。しかし、顧客が増加するほど、労働集約型のコンサルティング業は、自分の時間が無くなるため、顧客を増やすためには、コンサルタントの数を増やし、また複数人のコンサルタントで企業の対面コンサルティングを行い、自分の負担を減らしていくことが必要であった。そのため、三年目は、複数人でのコンサルティングの実施を目標とした。

複数人でのコンサルティングの実施は、各コンサルタントの資質やコンサルタントどうしの相性を見る上で非常に良く、コンサルタントチームの中から自分と波長の合うコンサルタントを見つけることができた。また、自分の専門と異なる専門を持つコンサルタントを見つけられた為、人的要件の厳しい医療機器の製造販売業の業許可を取得できる可能性が出てきた。そのため、三年目には、この業許可を取得することも目標とした。業許可を取得するためには、書類整備や体制の整備が必要であり大変であったが、半年の準備期間を経て、無事に業許可を取得することができた。今後は、この医療機器の製造販売業を利用して、事業を拡大していきたいと考えている。

●今後の夢

私は、今後の夢を聞かれた時には、必ず「会社を大きくしたいです。」と答えている。「どのくらい？」と訊かれた時には、必ず「まずは五〇人一〇〇億円」と答えている。夢のまた夢かもしれないが、夢は大きく持ち、それに向かって走り続けたいと考えている。

会社の方向性としては、既存事業として、まずは、医療機器のコンサルティング業においてリーディングカンパニーになりたいと考えており、現在の専門性の高いコンサルタントを集めた、丁寧な伴走型コンサルティングを続けて行けば、実現可能な目標であると考えている。

また、次の夢として、医療機器の自社開発を行いたいと考えている。医療機器の製造販売業の取得もその布石であると言える。そして、三つめの夢として、上記の二つの夢を通じて、海外展開を行いたいと考えている。

　この様に、現在、私が自由に夢を語ることができるのは、初年度の何の実績もない時に、丸和育志会がビジネス的、資金的、精神的に支援してくださったお蔭であり、今の礎を築いて下さったことにとても感謝している。今後出てくる起業家の方々に対しても、安心して思い切って活動できる様、引き続きご支援いただければ本当に有難いと思う。

実践事例③　　上　岳史

●自己紹介
一九七一年（昭和四六年）九月生まれ、四七歳。両親は共に教育者。一九九五年上智大学文学部教育学科卒業。上智大学在学中に（現）アルファグループ株式会社を創業、代表取締役就任。創業一〇年でＪＡＳＤＡＱ上場（証券コード:３３２２）を果たす。二〇一四年、現事業をＭＢＯし、ハッピーテラス株式会社を起業、代表取締役就任。
・多摩大学大学院（夜間）経営学修士号取得
・星槎大学大学院（通信）で教育学修士取得
・ゲンダイエージェンシー株式会社（証券コード:２４１１）社外取締役

・株式会社オロ（証券コード：3938）社外取締役

●起業のきっかけ

私にとって第二の創業となる、当社の起業のきっかけは東日本大震災でした。当時、私は社員や経営者の有志を募り、物資を持って現地入りし、様々な人たちと出会い、今までにない貴重な経験をしました。そのことがきっかけで「社会貢献度の高い仕事をしたい！」という気持ちが強く芽生えたことから、第二の人生として社会課題の解決を目的とするソーシャル（ビジネス）カンパニーを再び起業することを決意し、前職で創業した会社が二〇年を迎えるのを機に退任し、同時に現事業をMBOして当社を創業しました。

当社は、「発達障害の特性」を「凸凹」、「個性の一つ」と捉え、「発達に凸凹があっても受け入れられ、活躍できる」社会の実現を目指し、『凸凹が活きる社会を創る』というビジョンのもと事業展開しています。

事業概要の詳細は後述しますが、①未就学児（6歳未満）、及び②小学生〜高校生までの発達障害児に対する通所支援事業、③発達障害を持つ就労困難者に対する就労移行支援事業、④これらにかかわるフランチャイズ事業です。そして、これらの事業を直営とパートナー企業（FC）とで全国展開しています。

創業当初から順調だったわけでなく、当時の一番の課題は、福祉業界は歴史が長く、新しいものや変化を受け入れることに抵抗がある風土であるということでした。福祉にイノベーションを起こしたい、福祉業界の未来を明るくしたいという想いでスタートしましたが、受け入れられないことも多く、株式会社である当社は行政の会議に参加させてもらえない、実績がないということで行政からの許認可が下りるにも時間がかかりました。

昨今、発達障害の特集番組がテレビで組まれることも多く、当事者が出演したり、学校でも早期発見が叫ばれるようになったり、各団体での動きが活発化しています。また昨年度から、精神障害者が法定雇用率に算定されるようになったため、発達障害の方の雇用も進んでいくと思われます。ですが、今まで障害に対しての認知が低く、周囲の理解が得られないことも多く、引きこもり、不登校など二次障害を起こしている方が沢山いるのも現状です。働ける能力は十分にあっても、過去のトラウマや、適応障害から福祉的支援を受けて生活しているのです。

よって、私は事業の根幹を従来の福祉的考えではない「自立」ということにおきました。「自立」とは、最終的に就労をし、自分で働いて収入を得て「納税者になる」という意味です。今までの日本の福祉的支援だけを行っていても自立には繋がりません。

そこで、当社では最初の取り組みとして福祉的支援ではない、本人のエンパワーメントを最大に高める支援を主とし、福祉的支援では当然とされている受け身的な「送迎」を行わないことにこだわりました。周りの福祉事業者や当社の社員からさえも、『福祉の考え方がわかっていない、迎えに行き、自宅まで送るから障害児の生活が安心して広がる』と言われたこともありました。ですが、障害者が就労するためには、特例子会社も障害者を雇用する企業も送迎を行うことはないという現実があります。ゴールとプロセスが乖離していたのです。その事実と当社の考えを理解してもらうため、行政関係者のもとに何度も足を運び、議論を重ね徐々に受け入れてもらえるようになり、今では当たり前の考えとして受け入れられるようになりました。

　当社の障害児通所支援事業では、コミュニケーション能力の育成を重視した独自の指導プログラムを実施しています。学習塾では、偏差値をベースに指導評価を行っているにも関わらず、福祉分野は数値で可視化するものはなく（心理検査は除く）、当社では学術的アプローチとＩＴを組み合わせ、定量的に評価するシステムを開発導入しました。定量評価が可能になることで、当事者・保護者はもちろん、指導スタッフが自分で手技評価を行えることがメリットであり、厚生労働省から視察団も来訪するなど高い評価を頂いています。

　また、就労移行支援事業でも、独自の指導プログラムを実施しており、自社システムも完成し、活用・提供しています。また、昨今ＩＴ人材の雇用ニーズが増大していることから、１０月にオープンした就労移行支援事業所に関しては、ＩＴに特化したプログラムの提供をしています。こういった発達障害の特性を理解し、引き出し、磨くことによって、彼らが選択できる企業・職種の幅が広がると考えています。

　当社では、このようにＩＴを基礎にした療育プログラムの提供と送迎なしというＵＳＰを確立し、これが独自性と差別化となっています。

●事業展開

これまで述べてきたように様々な逆境の中でのスタートアップでしたが、創業当時放課後等デイサービス（当社、障害児通所支援事業）は制度が大きく変わり株式会社が参入できる環境になったばかりでした。地道に広報活動を展開する中、柏市の市長と会談する機会に恵まれ、その際に是非事業所を他にも出してほしいとの依頼が後押しとなり、三つの福祉事業全てを柏市にて展開しました。その後同様に港区、中野区からも要望を請け、開所することになりました。

こうして直営教室を増やしながら、各種様々な運営ノウハウを蓄積し、民間参入というチャンスを最大限に活かすため、パートナーシップ（フランチャイズ）制度を採用し、スピードを上げ、拠点数という数の優位性を確立することに注力しました。

パートナー企業の選定に関しては、最終的に私が面談し、単に事業の収益だけを求める事業オーナーには遠慮していただいています。当社のビジョンを理解いただき、かつ社会貢献を真剣に考えているオーナー様とだけパートナーシップを結んでいます。

パートナーシップ制度のメリットはスケールメリットであり、業界でいち早く導入した独自システムにより、当社で行うこうした労働生産性向上のための施策や改善実績、また直営拠点やパートナー企業で起きた事例や業務上必要な情報をタイムリーに漏れなく伝達し、即全国のパートナー企業にもムラなく提供することが可能となっています。

●事業の現状

以上のような、市場環境、ＵＳＰ、さらにＦＣ事業に豊富な知見と経験を持つ人財の参画などの成功ファクターの組み合わせにより、創業四年という比較的短期間で急成長することができました。

より具体的に事業を紹介しますと、「児童発達支援事業」（障害のある六歳未満の未就学児を対象、ブランド名：ハッピーテラスキッズ）、「障害者通所支援事業」（障害のある小学生から高校生までを対象とする放課後等デイサービス、ブランド名：ハッピーテラス）、「就労移行支援事業」（障害のある一八歳〜六五歳未満の方を対象、ブランド名：ディーキャリア・ジョブサポート）の三事業と、これら事業の直営教室運営を行いつつ、得られたノウハウを元に国内でフランチャイズ展開（当社では「パートナー支援事業」と呼んでいます）を行うパートナー支援事業の計四つの事業になります。

二〇一八年一二月一日時点の直営及びパートナー運営を合わせた拠点数は、児童発達支援事業所（ハッピーテラスキッズ）が七拠点、放課後等デイサービス（ハッピーテラス）が九七拠点、就労移行支援事業所（ディーキャリア）が二八拠点、合計で全国一三〇拠点です。

現在、大人の発達障害者の就労移行支援事業（ディーキャリア）においては、独自にWEB上で「発達チャンネル」を展開し、当社に通所していない人たちも含め、発達障害への理解を深めていただくために、どの世代にもアプローチしやすい動画をSNSで広めており、二〇一八年一二月一日現在でチャンネル登録者数一万九〇〇〇人を達成しています。

●今後の夢
少子高齢化が進み若い働き手が少なくなってきていますが、その中でもITエンジニアが不足していることが日本全体での課題になっています。発達障害者の適性として、ＩＴエンジニア分野に長けている人がいることはあまり知られていません。しかし米マイクロソフト・独ＳＡＰでは発達障害者を積極的に雇用することを発表しており、積極的な雇用が進んでいます。当社では、そのような特性のある方に、独自のプログラムを提供することにより、ＩＴ分野で活躍できる人材を輩出していきたいと考えています。

発達障害者は、フルタイムまたは安定した有給の仕事に就いている割合が二割程度（アメリカ自閉症報告書・英国自閉症協会・日本学生支援機構）となっています。従来のようにＣＳＲ活動の一環ではなく、障害者も健常者と同じように職業選択の自由ができるような仕組みを作って行くことで真の多様性（ダイバーシティ）が生まれ、自分の強みを活かして働けるようになることで『凸凹が活きる社会を創る』ことに繋がっていくのだと信じています。そのことを踏まえ、課題解決に対するビジョンとして、現在国内二六拠点ある就労移行支援事業所を一〇〇拠点にすることを目指し、また当社事業の強みである、幼少期から通うことができる点を活かし、公的教育で行えない部分のフォローや幼少期より就労を見据えた適性についてのアドバイス、就労訓練に今後は着手していきたいと考えています。

おわりに

海外留学希望者がどんどん減少しているという。また、ある国立大学では、海外での学会発表機会に応募するのは、日本に留学しているアジアからの留学生が圧倒的に多いという。日本の税金が、外国人留学生のためにばかり使われることは、どう考えてもおかしい。日本製品を世界に売りまくった日本人が、いつのまにか内向き民族になってしまっている。

産・学以外では、メジャーのエンジェルス大谷翔平が、ア・リーグ新人賞を受賞した。彼は日本ハムから移籍したが、元々は高校卒業と同時に渡米を決意していた。決して内向きではない。サッカー選手はいうまでもなく、テニスプレイヤー、ゴルファー、ピアニスト、バイオリニスト、バレリーナ等も海外に留学し、数々の賞を取って世界で活躍している。彼らは、皆個人プレイヤーであり、成果も報酬も分かりやすい。

一方、留学希望者や企業の海外勤務者は、そこで現地の人々と様々な人間関係を通して仕事をこなし、新たな人間関係を築かなければならない。人間関係に煩わされることを避け、新たな人間関係にエネルギーを使うことに意義を認めない人が多くなったということであろうか。隣人とのコミュニケーションがほとんどなく、理事の成り手がいないようなマンションでの生活を好み、コミュニティに何の関心も持たない人が少なくない。
実際の社会生活に大きな影響を及ぼす経済、特にお金の流れ、その中でも社会の富の増大に最も大きなパワーを発揮するのは、キャリア官僚を含む政治家と、個人企業・法人企業の経営者である。彼らに最も必要なのは、人間理解力であり人間関係スキルである。それだけで経営はできないがそれなしに経営は無理も明らかなことである。停滞感が浸透した社会状況では、起業家の活躍はまさに社会が要請することでもある。ＫＹ（空気が読めない）人間は困るが、出る杭を打つ空気を読んでばかりいては、元気が出て来るはずがない。

平成三十一年三月二日、東京目黒で、自己実現と社会貢献が両立する仕事の追求をテーマとして、五周年記念シンポジウムを開催する。様々な意見が出されることであろうが、評論家的意見を中心に形式主義が跋扈する現代日本の社会に対して、実行・実践の重要性に対するコンセンサスが得られるのであれば、シンポジウムの目的は十分達成される。

あとがき

本書出版のきっかけは、「はじめに」で述べたとおりである。これまでの出版書や論文と異なるところは、今までの様々な経験を中心に考えてきたことの総まとめのつもりで書いたという点にあるが、本人の思い通りになったかどうかは、読者の評価に委ねるしかない。具体的には、平成三十一年（平成最後の年）三月二日のシンポジウムでの議論に期待したい。

本書の構想は、頭では十分整理できていたつもりであったが、いざ書き出すと様々な考えが頭に浮かび、結局、平成三十年八月から十二月まで五カ月を費やしてしまった。その間に、奨学生の選考、優秀プロジェクト賞の審査と表彰式もあり、丸和育志会業務は多忙を極めたが、日比野雅夫事務局長のバックアップのおかげで財団業務をこなすことができ、何とか出版するに至った。構成の変更や何度かの書き直しに快く対応していただいた芙蓉書房出版の平澤公裕社長とともに、感謝したい。

自分で考え、仲間を作り、実践する

公益財団法人丸和育志会

専務理事　橋本忠夫

著者略歴

橋本 忠夫（はしもと ただお）
1943年生まれ。京都大学工学部（数理）卒業。サントリー㈱入社後　情報システム部長、工場長、商品開発研究所長、事業本部長、SCM本部長などを歴任、元取締役。その後サントリー食品工業㈱取締役社長、丸和油脂㈱取締役副社長、多摩大学大学院経営情報学研究科教授・研究科長を経て、現在、公益財団法人丸和育志会専務理事、ライフパース㈱代表。工学博士
著書に『変革型ミドルのための経営実学』（芙蓉書房出版）、『ロジスティクス経営』（共著、中央経済社）、等がある。

起業する前に読む本
——志ある仕事のための実践知——

2019年 2月18日　第１刷発行

著　者
橋本忠夫《はしもとただお》

発行所
㈱芙蓉書房出版
（代表 平澤公裕）
〒113-0033東京都文京区本郷3-3-13
TEL 03-3813-4466　FAX 03-3813-4615
http://www.fuyoshobo.co.jp

印刷・製本／モリモト印刷

ISBN978-4-8295-0755-1